智慧面对青春期

海燕　路瑶　著

中国妇女出版社

图书在版编目（CIP）数据

智慧面对青春期 / 海燕，路瑶著. -- 北京：中国妇女出版社，2022.9
ISBN 978-7-5127-2154-8

Ⅰ.①智… Ⅱ.①海… ②路… Ⅲ.①青春期－家庭教育 Ⅳ.①G782

中国版本图书馆CIP数据核字（2022）第160025号

责任编辑：李一之
封面设计：季晨设计工作室
封面供图：视觉中国
责任印制：李志国

出版发行：中国妇女出版社
地　　址：北京市东城区史家胡同甲24号　　邮政编码：100010
电　　话：（010）65133160（发行部）　　65133161（邮购）
网　　址：www.womenbooks.cn
邮　　箱：zgfncbs@womenbooks.cn
法律顾问：北京市道可特律师事务所
经　　销：各地新华书店
印　　刷：三河市祥达印刷包装有限公司

开　　本：165mm×235mm　1/16
印　　张：14
字　　数：180千字
版　　次：2022年9月第1版　　2022年9月第1次印刷
定　　价：59.80元

如有印装错误，请与发行部联系

在生活的历练中激发成长智慧

孙云晓

在写家庭教育和青春期教育的作者当中，一般都会有一套套的理论，或者是精彩不断的成功经验。本书作者康海燕是一个另类，她更多是道尽成长与教育的酸甜苦辣，是饱经生活历练后写出的真切感悟。

就像要执着地唤醒这个世界的理解一样，青春的悲剧连续不断。面对一个个血的教训，青春期孩子的父母与教师怎能不忧心忡忡？他们更渴望知道这到底是为什么。很多人会解释为青春期孩子容易冲动，这自然是有道理的，但为什么会如此冲动呢？也许深层原因与心理学家埃里克森提出的自我同一性有关，即个体尝试把与自己有关的各方面综合起来，形成一个自己决定的、协调一致的、不同于他人的自我，是对“我是谁”等问题的主观感受和意识。所以，青少年会对他人的评价非常敏感，拼命维护自己的形象。因此，《中华人民共和国家庭教育促进法》至少5处提到尊重，如“尊重未成年人人格尊严，保护未成年人隐私权和个人信息，保障未成年人合法权益”。这是极为重要的教育原则。

父母和教师往往会反感孩子的叛逆，而实际上，叛逆常常体现出成长的需要。也就是说，孩子长大了，他要按照自己的意愿行事，并且喜欢质疑成年人的标准和要求。如果理性一些看待会发现，孩子的叛逆中有许多珍贵的品质在生长。教育的前提是理解和尊重，没有理解和尊重就没有教育。

在《智慧面对青春期》这部作品中，康海燕既回忆了自己的青春期经历，又描述了作为母亲如何面对儿女的青春期，将两代人的青春交叉对比，给予我们丰厚的生活启示。

我从事少年儿童教育近 50 年。近年来，我在倡导新时代需要强大的父母。康海燕给我的印象就是一个强大的母亲，而这首先得益于她非同寻常的成长经验。她从十五六岁开始，就代替父母处理家庭问题。可能也是父母亲给予这样的锻炼机会，让她在无数个现场历练。记得第一次是处理堂姐的婚姻问题，那时没有手机、没有电话，15 岁的她平生第一次出远门，去陌生的城市邀请亲人，并参与双方的谈判。她还独立出场，去另外一个城市处理妹妹的感情纠葛，并带妹妹回家。

对于今天的青春期孩子来说，康海燕的这番经历犹如天方夜谭。实际上，对青春期孩子多一些信任，让他们多一些历练的机会，是父母的大智慧，因为孩子是在体验中长大的。

即使如此，康海燕在面对自己儿女的青春期时，也时常遭遇挫折。例如，她火冒三丈打儿子时，上初中的儿子竟然与妈妈对打。然而，善于思考的康海燕还是将儿女引向正道。

康海燕思考，父母到底要有什么样的金钥匙才能打开孩子的心灵之门呢？她认为父母有三大责任——成为孩子的榜样，帮助孩子建立强大的内在力量和外在好习惯，帮助孩子实现梦想。可以说，这三大责任是经验之谈，是从根本上解决青春期孩子发展的引领秘诀。青春期既是孩子挑战父母的年龄，更是需要父母做榜样的年龄。青春期最需要解决的是发展问题，因为青少年最关心自己将成为什么样的人、走什么样的路。好的教育自然是引导孩子发现自己的潜能优势和社会需要，尤其是激发孩子内心的“发动机”蓬勃地转动起来。

我赞同康海燕的判断，青春期的子女平时和父母之间有太多的纠结，出游是彼此关系舒缓和眼界大开的良机。令我敬佩的是，她竟然在女儿高中、儿子初中期间，带女儿和儿子在国外自由行，签证、交通、住宿、行程规划等都是自己搞定。稍有国际旅行经验的人都明白，这期间会遇到许多坎坷与麻烦，甚至伴随不可预知的风险。后来，女儿参加高考，又收到国外 5 所大学的录取通知书。显然，母亲的放手历练，激励了女儿心中的梦想与自信。

我研究过男孩女孩问题，深知既要尊重男女平等的原则，又要满足不同的需求。比如，青春期男孩特别需要运动。康海燕引导儿子踢足球、学武术、练篮球，尽可能让儿子多运动、少迷恋电子产品，养成良好的生活习惯。这是颇有远见的教育导向。

对任何人来说，故乡都是生命的根基，也是珍贵的教育资源。康海燕培养孩子对故乡、对家族的感情，其经验值得父母们借鉴。从儿子 3 岁起，她就多次带他回故乡认识亲人。结果，儿子会以各家的特点来记忆，如河边爷爷、竹林爷爷等。儿子十六七岁时，经常和母亲交流父母双方家庭的一些事宜，还主动与双方家庭保持密切的联系。他的诚恳与关心得到了家族长辈的认可。每到寒暑假，他会比母亲更迫切地回到故乡。可以相信，有了对故乡与家族的真情关切，他人生的路会走得更扎实有力。

从根本上来说，家庭教育是生活教育，而家庭教育的使命是积极创造美好的生活。家庭教育促进法将培养生活技能作为家庭教育的核心内容之一，说明生活能力与创造美好生活的价值观对于人的成长具有决定性的意义。《智慧面对青春期》一书对于青春期成长最为有益之处，正在于总结出两代人生活历练的真实经验。所以，我愿意将此书推荐给读者朋友。

2022 年 6 月 22 日于北京云根斋

（孙云晓，中国青少年研究中心研究员、家庭教育首席专家，中国家庭教育学会副会长）

Preface

前言

毋庸置疑，这是教育最焦虑的时代，也是亲子矛盾迭出的时代，当前家庭教育面临前所未有的困难。随着新社会形态与家庭结构的变化，家庭关系和亲子关系从传统的群居模式发展成比较简单的状态，加之社会压力和人员流动性大，婚姻相对脆弱，在一些社会问题综合影响下，家庭教育爆发的问题越来越多。

新冠肺炎疫情及后疫情时代，我们经历了疫情突袭期间家庭关系的迷茫。特殊时期，亲子关系过度密切，子女与父母之间矛盾多多，家长把握不好尺度，子女控制不好情绪，家庭问题频发。家长承载着沉重的教育负荷，承担着学校教育与校外培训的双重经济压力和时间压力，也在校外培训的风靡之中迷失了方向。

2021 年，是中国教育的一道分水岭。

风靡了 20 多年的校外培训，终于迎来了“双减”政策。双减，是指有效减轻义务教育阶段学生过重作业负担和校外培训负担，要求切实提升学校育人水平，持续规范校外培训（包括线上培训和线下培训）。

2021 年 10 月 23 日，第十三届全国人大常委会第三十一次会议表决通过了《中华人民共和国家庭教育促进法》。法律明确，未成年人的父母或者其他监护人负责实施家庭教育。国家和社会为家庭教育提供指导、支持和服务。

家庭教育促进法不仅明确了父母或者其他监护人应当树立家庭是第一个课堂、家长是第一任老师的责任意识，承担对未成年人实施家庭教育的主体责任，用正确思想、方法和行为教育未成年人养成良好思想、品行和习惯，同时，还规定了家庭教育的内容。比如，要求家长培养未成年人树立维护国家统一的观念，铸牢中华民族共同体意识，培养家国情怀；培养未成年人良好社会公德、家庭美德、个人品德意识和法治意识；关注未成年人心理健康，教导其珍爱生命；等等。

家庭教育促进法的施行，会让家庭教育得到社会重视，也提供了很多家庭教育的新方法和新思路。家庭教育促进法明确了家长在家庭教育方面的责任，值得家长研究学习。

还以为孩子是自己生的，要打要骂自己说了算？还以为放任自流、随便孩子怎么长大，也可以算合格家长？不！这大概是家庭教育历史上对家长最有要求的法律。

这是关系到家庭教育方向的大事，也是让家长警醒的号角。在当前教育改革的背景之下，如何思考家庭教育方向，这是时代提出的问题。

我以为当前家庭教育存在如下问题：

1. 社会浮躁，鼓吹成功学。

大多数人对子女期望值过高，家长对子女的教育也走向功利化。家长倾其所有，为了培养子女成为自己心目中理想的社会精英，过分迁就、过分赏识、过分关注，无疑让自己和孩子都非常累。

正因为功利，社会环境中家庭很少有休闲教育。孩子陷入被动的学习状态，家长和孩子长期处于高度紧张的应战状态，很容易出问题。

2. 育人方向严重偏离。

十几年来，课外培训机构发展突飞猛进。家长把对教育的担忧、对家庭教育的迷茫转移到了课外培训机构。在课外培训的流水线上，家长和孩子都是流水的"兵"，把安全感和焦虑症转交给了培训机构。家长重视技能教育、课程教育，忽略通识教育、生活教育。这一代孩子低头上培训班，思考能力、问题处理能力、社会适应能力堪忧。

国家重视教育问题，培训机构在2021年被整顿，线上、线下教育培训的火爆明显降温。

3. "如何做父母"需要学习。

大多数家长认为，做父母是无师自通的事情，不需要什么专业技能，有了孩子，父母自然就上路了。毫不夸张地说，很多家长并不清楚自己应该怎么做父母，也不知道自己要往哪里去，在家庭教育的角色上一直是跟风者。

一些父母认为，家庭教育不必小题大做，就是家里的私事。殊不知，家庭教育不单纯是家庭的事，也是社会的事。家庭是为社会培养人才，家庭也是帮助子女认识社会的第一课堂。

很多家长是迷茫的，他们在教育子女的路上，常常被突发情况折磨得措手不及。家长自身教育知识储备不够，面对子女的成长没有与时俱进的方法，也没有更新自己的家教知识，遇到问题非常急躁，束手无策。在此情况下，家长苦苦寻找出路，容易成为信息的奴隶，轻信社会上流传的教育“秘诀”，也容易陷入攀比误区。

有的父母和孩子之间的关系过于随意，子女对长辈的教育没有敬畏之心。家庭教育缺乏尺度、赏识教育过度，导致子女无法客观评价自己。家长作为教育者，很长时间内缺失了适当惩罚的权利。

写作此书的目的，就是根据我走过的弯路，结合现实中的实际问题，思考家庭教育方向，要让父母成为家庭教育的明白人。

我 2002 年成为一名新手母亲，随后养育了儿女。在这将近 20 年的母亲角色中，我经历了从迎接新生命的喜悦到育儿的焦虑，从一名满怀憧憬的少女到与青春期儿女斗智斗勇的更年期妈妈，从手忙脚乱到今天难得的淡定，从忧心忡忡到顺其自然。我经历了炼狱般的痛苦，也收获了农妇般的喜悦。

当女儿参加高考，又收到国外 5 所大学的录取通知书时，她选择了美国雪城大学的教育学专业，辅修社会学，我表示支持。我鼓励她去追求自己的梦想，就如当年我的父母支持我一样。在她结束网课即将启程赴美留学的时光里，我们又回到了她童年时期的可贵相依。

儿子的青春期则与女儿的青春期完全不一样，他的敏感非常像当年的我，对未来有无数的憧憬，我也找到了研究的样本。

我从2006年开始涉足家庭教育工作，2010年、2011年先后出版了《妈妈养育心经》《孩子，我想让你幸福》两本书。2011年，我发起“父母大学堂”大型社会教育活动，近10年来持续在各地主讲父母学堂和青少年励志教育。

2020年，我历时8年构思创作的长篇小说《小康之路》出版，更多家长在作品中看到了奋斗，看到了励志，也看到了环境造就人的真理。

我想，我在家庭教育中的“无为”，或许成了儿女奋斗的榜样。我的孩子在学业上的主动求知、对家庭关系的判断、对自我目标的追求、对社会关系的洞察，都显示出了良好素养。虽然我也经常唠叨孩子有这样或那样的不足，但总的来说，孩子是善于思考的，他们的知识面比我当年要宽，他们比我更勇敢。他们有些方面比我强。

如何做父母？这个问题我思考了很多年，相比我当年写《妈妈养育心经》和《孩子，我想让你幸福》这两本书，《智慧面对青春期》才是我对父母角色的完整理解和深刻领悟，也是身为父母在子女成长阶段所经历的完整记录与思考。这是近20年家庭教育工作带给我的积累和沉淀，也是近20年育儿生活带给我的反思和开悟。

每一位家长，在孩子来到你身边的时候，你满心欢喜，肩负责任，也深知自身角色的重要。但你走着走着就烦了，带着初心的喜悦维持不了多久，你就被琐碎笼罩，也可能陷入情感背叛、婚姻对抗、工作不顺的艰难之中。

生育对于每个人都是巨大的考验。有人因不孕不育而痛苦，有人为养育分歧而大动干戈。但生育，依然是每一对父母最幸福的工作职责，也是肩负起为社会育人、为家庭培养后代的责任。

养育，不是一件私事。做父母，也不是随心所欲的事。从小人儿呱呱坠地开始，如果家长不端正态度、不重视家风、不意识到自身角色的重要，那么，漫长的养育期，你可能经常束手无策，想临时抱佛脚却可能连门都找不到。

吃喝拉撒睡，真的只是育儿的初级阶段。随着子女长大，如果你的知识不更新，你看问题、思考问题的能力不提高，你在教育孩子时也会面临重重问题，甚至达不到好的教育效果。

你的子女，不仅仅是你的子女，他们是要走向社会的。你是为社会培养人才。

你的子女，不仅仅是你的子女，他们都是独立的个体。你如果还停留在控制、专横的家庭教育方式，他们可能根本就不会听你的。

你的子女，他们面临的是新兴科技和信息速食，你若跟不上潮流，你都不知道从何说起。

所以，家长每个阶段思考的问题不一样，关心的问题也不一样。这些年来，我不断反思自己的家庭教育，也经常解答家长们的育儿困惑，跟踪个案开展辅导。

我和家庭教育的同行们都有同感，老一辈的教育家陶行知、陈鹤琴等，他们认为生活就是教育，尊重儿童的天性，他们的教育思想影响了几代人。目前，家庭教育领域中的专家赵忠心老师、朱永新老师、孙云晓老师、知心姐姐卢勤老师、李玫瑾老师等，他们的观点和教育理念也很受欢迎。但作为家庭教育讲师、家庭教育指导师，系统的学习资料几乎很难求得，大多依靠自己寻找教材自学。家庭教育的图书五花八门，但系统科学的家庭教育教材几乎难以找到。家庭教育那么重要，但家教图书市场并不景气。

父母到底需要怎样宝贵的金钥匙？

家长们是急需帮助的，更多的家长在“技”的路上苦苦追求，而忘了“道”的方向。我们面临的困难，并不是仅仅帮助孩子戒除网瘾、如何阻止早恋、怎么辅导孩子功课，也不是孩子兴趣爱好培养的问题……

社会急功近利，父母埋头于物质生活，当我们民族最庞大的教育群体中没有人仰望星空，思考育人的真正目标在哪里，我们就会陷入精神的空虚与一味追求物质的世俗。我们需要给予子女指引的力量，帮助他们建立正确价值观，找到自己的目标。家庭教育的根本任务，其实是给孩子打精神的底子，培养信念的种子。希望父母在繁重的生活压力中解放出来，在家庭教育的重负中抬起头来，想一想前面的路，看一看你身后的孩子到底需要什么。

陶行知有一句箴言，“千教万教教人求真，千学万学学做真人”，我以为这是教育的真谛。我曾在厦门大学看到其校训，“自强不息，止于至善”，我以为这是最本真的教育。

在当前的社会环境下，什么才是最好的教育？

我认为是良知不被生存裹挟，底线不被欲望侵犯。人生有梦想，生活有活法。

这不仅仅是教育者对自身的要求，也是教育者应该向被教育者传达的思想和底线教育。我们要让子女懂得，勤勤恳恳奋斗、自力更生生存，永远不怕半夜敲门声。

人生路长，请先当好子女的第一任教师。

《妈妈养育心经》适合 0 ～ 6 岁孩子的家长，《孩子，我想让你幸福》适合 3 ～ 12 岁孩子的家长。这本《智慧面对青春期》，可能适合所有家长，有些家庭教育的原则和方向问题是具有共性的。当然，10 ～ 18 岁孩子的家长迫切需要。

中年阶段，生活面临前所未有的挑战。这个阶段可能是灾难性的，也可能是人生的辉煌巅峰。

青春期的子女开始探索自己是谁，要做自己。他们必须慢慢离开父母，发现自我力量，才能实现独立。他们思想丰富、性格叛逆，常让家长头痛。如何智慧面对孩子青春期，这对新时代家长是非常严峻的考验。我经历了几个妹妹的青春期，又养育了一双儿女，经历过男生、女生不同的青春期反应，我有很多话要和家长说。

每个孩子都是独立的个体，父母需要不同的知识储备。没有一定的家教知识，教不了今天的孩子；没有“两把刷子”，应对不了孩子成长中出现的各种问题；没有综合处理问题的能力，可能陷入养育的困境，难以自拔。

写作此书的时候，我仿佛又回到了青春年代，回忆起自己的青春期，和母亲的争吵、拌嘴，和老师的敌对、哭闹，也有青春爱意朦胧的焦灼和小鹿乱撞。我也回忆起妹妹们一个一个带给我的青春难题，回忆起儿女的成长细节。

写作的这个夏天，我也正在经历着与青春期儿子的激烈对抗。每一个家长，或许都要经历这样一个艰难的过程。没有人生来就会做家长，真的需要一点一点跟随孩子的成长而学习，需要在每个阶段提前做知识储备。我的女儿也参与了本书的写作，提出核心问题、整理相关资料，让我思考问题的角度更多样。成书过程中，她的贡献巨大。

有人说家长有 5 个层次：舍得给孩子花钱；舍得给孩子花时间；思考教育的目标问题；为了教育孩子而提升、完善自己；尽己所能支持、鼓励孩子成为最好的他自己，也以身作则支持孩子成为真正的他自己。

请问你在哪个层次？

让我们各自对标。在这本书里，我把我所经历的被教育和教育的过程，我所感受到的原生家庭的影响和我的小家庭带给孩子的影响，我所理解和领悟到的那些如意和不如意的事，都和盘托出。期待你的共鸣。

智慧面对孩子青春期，真实的生活场景开始了。

Contents

目录

第

1

章

我们
从家里出发

开篇语

婚姻是影响家庭教育的重要因素。当前家庭教育的很多问题，其实是婚姻的不稳定导致的。父母恩爱是最好的家庭教育环境。但现实生活中，夫妻之间因琐事经常吵闹的不在少数，离异、再婚、情感生变的家庭环境中，子女受到的影响是比较大的。

这个时代的男女，对婚姻越来越没有耐心。这可以说明两个问题：一是人们对情感质量要求越来越高，二是人们对待情感的随意性越来越大，对婚姻的本质缺乏认真思考。

理解婚姻的实质，能建立良好的家庭关系。

婚姻之语源起于婿与妇之关系，是指夫妇结合的关系，也是双方父母及亲党关系。古时婚姻的目的有三：祭祀，继嗣，内助。古代婚姻是神圣、严肃的。而现代婚姻则对两情相悦、繁衍子嗣、提高生活质量有更多期待。我们庆幸所处的时代恋爱自由、婚姻自主，也更应懂得婚姻的价值与意义所在。

观婚姻百态，看生活戏剧。多年前的相亲节目非常火，男女之间凭借第一印象和对方资料介绍就可以确定希望和谁交往，有意和谁继续交流。这些节目估计帮助不少大龄青年解决了婚恋问题，但也有一些居心不良的人士，把自己美化成“高富帅”，骗取他人的信任。以恋爱为名，骗财、骗色的人也不少，上当受骗的人哑巴吃黄连，有苦难言。

“执子之手，与子偕老”只是结婚时的承诺。不少人走到半路，就一脚把他人给踢下车了。当然，也有主动退出的，因为发现的确不合适。

有人曾说，婚姻就像水稻，不能一生病就想着拔掉不要了。可是现代社会很多婚姻，都是生病的水稻。女性的身份被迫慢慢消失，超负荷的女性需要找到自己的角色。而有些男性的意识里根本没有所谓的平等，在他们的潜意识中，女性心中的平等观念，就是向男性挑战。

我观察，有的婚姻是一种独特的封闭圈。女人缺乏沟通环境，得不到沟通机会；男人吝于付出感情，不愿谈个人感受。有些女人希望沟通，却遭到男人拒绝。有的男人嫌女人啰唆，要求太多，太情绪化，也有些男人认为婚姻里只要还有性，婚姻就是稳固的，不需要再进行太多的情感沟通。

在社会压力影响下，男女都为沉重的生活负荷付出了情感的代价。婚姻不是职场换老板，也不是公司换股东，爱当慎重。如果走不进彼此的心，换谁也没用。真爱当珍惜，无爱劝解脱，世间情事，最难熬的是折磨。

中年婚姻疲惫，因夫妻之间争吵和家庭教育爆发的问题也很多。本书希望能让中年家长摆正自己的位置——想要教育好孩子，先要调整自己的家庭关系。父母的婚姻，是子女学习的模板。我们有必要重视婚姻的质量。我们都要从家里出发。

家庭是塑造子女未来的学校，也是社会的基本单位。我们要理解家庭的功能，这是文化的根源，是孩子接收无条件的爱的最初来源，也是孩子学会互相尊重的地方。我们从这里出发。

我的父母虽然没有系统学习和研究过养育，但朴素的家风传承影响，给我们提供了道德指南。在父母的教导中，我知道哪些是对的，哪些是错的。我在原生家庭里学习到的行为影响了我的一生。父母给我传递了良好的价值观，比如诚实善良、慷慨大方、真诚待人、包容理解、控制愤怒、宽恕他人等。当年，父母无条件的爱给了我安全感、价值感，这对我的人生发展起到很重要的作用。我始终满怀信心、积极努力、执着追求，这些应该都是父母带给我的品质。

我出生在20世纪70年代，当年家庭条件十分艰苦。父母接连生育了5个孩子，没有固定的经济来源，但我仍然非常怀念那种幸福而快乐的生活。我觉得父母在精神上的富养，让我获取了人生最宝贵的精神财富。父母那种同甘共苦、克服困难、解决分歧、相濡以沫的深情，常常让我泪流满面。20世纪90年代，我的父亲重病垂危，在那段更为艰难的时期，我们一家人挺了过来。我的长篇小说《小康之路》讲述了这个故事，很多人看了非常感动。有文学评论家说，这其实也是一个社会学读本。我在这个原生家庭里学会了爱，学会了如何与社会连接。我通过观看、体验、参与，建立了自己的能力。我观察父母交谈，感受他们的语言是粗鲁还是尊重，是赞赏还是批评，如何表达愤怒，等等。

虽然那时家庭生活承受了巨大的压力，既有经济上的压力，也有健康危机，更有家庭随时崩溃的可能，但我至今仍然心存感恩的是，我的父母给儿女创设了健康的家庭生活。我们相信，通过顽强艰苦的努力，是可以克服一切困难的。

我觉得我的父母是有远见的，是有大局观念的人。他们懂得在养育的关键阶段陪伴孩子，也懂得自己的责任。他们并没有能力给予我们太多物质上的满足，但是精神的传递足够富裕。

所有的父母都需要树立自己的目标。没有他们的引领，孩子容易随波逐流。家长需要给子女传递精神价值，而不仅仅是物质的给予。

家庭是判断“我是谁”的第一个参照点。无论我们的成长是一帆风顺还是坎坷不平，家都是我们的心灵归宿。即便是后来，我结婚成家 20 余年，有时遇到问题，我还是会与我的父母交流，希望他们能给我建议。

我曾经十分期待建立自己的家庭，也想沿用父母的方式创造出有活力的、健康的家庭氛围。但我承认我在某些方面的失败——我没有得到另一半的高度配合，在家庭教育中力不从心，好像有一种反作用力在和我拉扯。当我用积极的教育方式引领孩子的时候，另一方在用宠溺和对抗的方式反对我的决定。当时还不懂事的孩子并不理解我的要求，以为另一方对其爱得更深。所幸，子女最终理解了父母不同的爱。

我承认，我最初是不愿意为家庭而放弃自我的人。我曾经有个目标，是要事业有成后再结婚生子。当第一个孩子意外到来之际，我有点惊慌失措。如何找到工作与生活的平衡，需要我做出艰难的决定。当时，我所有的人生目标仿佛戛然而止，我不得不放弃一份努力争取到的非常让人羡慕的工作。我为之奋斗了20多年，如果没有职业带给我的荣耀和自尊，我的希望在哪里呢？我需要得到社会认可，需要我的社会地位。很快，父母成为我坚定的支持者，他们帮助我带孩子，我可以工作。而生育老二的时候，我面临了更严峻的考验。一是剖宫产时间间隔短，二是经济的压力，我面临种种急需解决的问题，由此逐步暴露出来的中年夫妻感情问题，也好像将我拉入万劫不复的深渊。我不确定我的付出是不是值得，我在享受育儿的快乐时，为捉襟见肘的生活资料而忧愁，更为烦恼的是要面对产后抑郁和情感上的危机。

那些一个人拉扯两个孩子东奔西跑的记忆里，我抱怨和感叹过命运的不公，但我仍然向着有光的地方去。我曾经呐喊过“给妈妈放个假”，我只想出去透口气，但我注定要与儿女共同成长。

从家里出发，一路穿过黑暗的困惑之门，一路坚守道义和孤独，一路跟随儿女成长，我终于看见了光。

中年情感危机与家教困惑

你是从何时开始面临中年情感危机的？你是否在子女教育上感觉到心力交瘁？相比于子女儿童时期，你是否一边看着孩子长大，一边却有着莫名的孤独和无力？

人到中年，夫妻两看相厌，中间仿佛隔着一座山——你是不是正在中年危机中难以自拔？是不是感觉到中年的孤独、虚无？是不是在家庭教育中充满无力感与焦虑？

这几年，我陆续收到不少文友的心声表达，在与另一半沟通的过程中障碍重重，家庭教育往往有难以实施的尴尬。夫妻情感胶着，谁也不愿意主动和解。即使一方努力试图改善，另一方却毫无积极回应。不少夫妻陷入情感困境：是要继续走下去，还是应该思考另一种可能？青春期的孩子正处于叛逆期，怎样才能在良好的家庭关系中正确引导孩子？

这是每一对夫妻都要经历的过程。中年情感危机裹挟着婚姻中的男女。

这正常吗？是爱已经淡了，还是有一方移情别恋？如何度过中年情感危机？

其实这是大多数人的人生困惑。我们起先并不知道有这么一个过程，但人到中年之后，容易陷入走投无路的感觉，很长时间内无法排解。生活中这种切切实实的痛苦，影响着无数人的幸福指数。频繁争吵、相互指责、彼此厌恶甚至大打出手，让不少婚姻瓦解，夫妻形同陌路。

中年应该是人生的高光时刻，但也是危机四伏的阶段。孩子长大了，父母在喜悦的同时，也开始对自己的人生和情感重新审视，往往会有疲惫和倦怠感。在我做的社会调查和观察中，中年夫妻面对青春期子女的教育挑战尤其焦虑。无论父母是什么社会角色，在家庭中的父母角色，往往最考验中年夫妻的耐心和能力。

中年夫妻的争吵，有些可能来自情感上的冷落，有些可能来自职业上的瓶颈，更多的来自儿女对自己权威的挑战。

其实，每个人走到中年，都会面临中年倦怠。我们在青年时看着熟悉的中年夫妻屡屡发生矛盾的场景，那时难以理解相爱的人为何能到这样的地步。而当我自己走入中年阶段时，才真正感悟人生：人到中年，都需要反省自己。只有看一看来时的路，想一想家庭的方向，遵循自己的内心去发现人生成长中的问题和婚姻中沟通的真正障碍，才能走出中年倦怠和情感危机。

很多夫妻在恋爱时两情相悦，刚刚步入婚姻时也有很多沟通交流。但有了孩子以后，注意力随之转移到了孩子身上，夫妻之间往往容易忽略对方。在育儿这个家庭的中心工作中，往往家庭成员增多，家庭关系也更复杂。在老人支援、保姆介入的育儿环境中，夫妻之间的关系会面临外界干预的挑战。

回想起我的育儿生活，就在这方面有着比较深刻的印象。瑶瑶出生时，爷爷奶奶帮助我们一起育儿，姨妈们也很喜欢这个大家庭的新生命，常常抱抱、哄逗。因家庭人口多，孩子在温馨和谐的大家庭里成长，家庭氛围很好，孩子的能力提高也很快。但我经常有情感上的寂寞，就是感觉我和爱人之间难有独处的时光和交流的机会，几乎没有私语的空间。久而久之，我的抱怨和郁闷情绪也越来越多。

这是一段十分尴尬的时期，夫妻关系明显排在了亲子关系之后，全家人把对新生命的呵护放到了至高无上的地位，夫妻关系自然受到冷落。

《三字经》里有句话家喻户晓——父子亲，夫妇顺。今天我们可以理解为，父母子女之间相亲相爱，夫妻之间和顺相处。我以为“夫妇顺”应放在“父子亲”前面。也就是说，只有夫妻恩爱，营造良好家庭环境，家庭教育才可能达到理想效果。

当婚姻出现亲密关系障碍时，平衡和互补原则就起作用了。孩子能照顾父母的婚姻，也照顾父母的孤独。当夫妻之间的情感交流有所欠缺时，孩子可能成为父母的情感寄托。但生活中往往有一些人，他们的冷漠、抑郁会影响家庭环境。

我认识的一个咨询对象，她说她的丈夫在家庭里像个木偶人，不在状态，有着空洞的灵魂。他毫不在乎她的感受，不在乎她的呼喊，也不在乎孩子的需求，想到的只有自己。这其实是她丈夫对真实自我的抛弃，他的内心有个空虚的地方。一个人失去了真实的自我，就失去了与自己的真实情感、需求、欲望的联系。感到空虚是一种慢性抑郁的形式。

还有的家长会教育子女不要相信别人，任何人都不可相信。这是把自己曾经在社会上受的伤，用自己狭隘的经验主义传递给孩子。其实乐观和信任是亲密的灵魂。我们一生都需要依赖他人。我们总是需要爱和互动，没有人能自给自足、不需要任何人。我们应给孩子传递积极的力量。

很多家长认识到今天的孩子抗压能力、抗挫折能力在减弱。即使父母用百倍的耐心和万倍的时间来陪伴、呵护，但孩子对未来的期待和自我激励依然缺乏足够的动力，遇到困难和挫折很容易泄气。这一代孩子缺乏吃苦耐劳、勇敢坚毅的品质。

如果夫妻关系糟糕，很多孩子可能遭遇精神创伤。

我在乡村学校做教育巡讲时见过一个父母离异多年的孩子，他的父亲常年在外打工，他和爷爷奶奶生活。他根本找不到学习的动力，也感受不到成长的希望。他晚上看手机视频到凌晨，白天到校睡大觉。

童年健康的基本自我力量是希望、意志力、目的和能力。孩子对看护人的信任，是为人父母应该思考的重大问题。当你孕育一个生命，抚养一个孩子，你们之间就建立起特殊的亲密关系。你的价值观、你的抚养方法、你对生活的态度，都将决定孩子未来的生活质量。父母对子女的生活影响，其实就是给予子女存在的力量、行走的力量、身份的力量，让孩子拥有基本生存技能。其实，这些都将帮助孩子建立成年后在社会中生存需要的信任感、自主性、主动性和相互依赖。

任何来自不正常家庭的孩子都会受到精神创伤，某种程度上失去自我。比如，容易自我封闭，容易对周围环境产生敌意和排斥，容易自负，容易在情感上迷失，等等。

如果父母之间的恶劣关系伤害到了孩子，或者孩子在其他环境中受到精神创伤，如何培养孩子的复原力，让孩子更有韧性，也是我们今天的教育要重视的问题。今天的孩子习惯了表扬，家庭关系中可能难有吃苦受累的锻炼机会。一旦遭遇打击，怎样让孩子找回自己？培养孩子的复原力，即从环境引起的痛苦中恢复过来的能力。内在的韧性和灵活性使人能够从疾病、紊乱、情感遗弃中生存下来，但人也不得不把活力和弹性用于生存，而不是成长和自我实现。

复原力是我们真实自我的核心特征。我印象深刻的是我的青春期，当时父亲生病，家庭危机四伏，我显然缺乏自信，总处于痛苦之中。原本活泼外向的我，那段时间非常敏感和脆弱，此后才逐步复原。

我对青春期最早的记忆来源于我的妹妹。我是家里的第一个孩子，有 4 个妹妹，可以说我经历了每一个妹妹的青春期叛逆。毫不夸张地说，在我的原生家庭，我是父母实施家庭教育的辅助者。妹妹们所经历的青春迷茫，我都进行过个案辅导，比如早恋、学习不认真、沉迷于社交、和父母顶嘴、姐妹之间的争斗、求学建议、职业指导等。

家里的第一个孩子，天生就承担着这样的责任。他们都说我管得太多、操心太多，的确如此。但我父母以及了解我们家庭的人都能理解我当时所做的决定。如果不是我在妹妹人生的关键时期给予一些合理的建议，或许她们的中年就没有现在这样安逸了。

其实，在我的青春期，我是多么渴望有人能指导我走出迷茫呀！

而当我自己的孩子到了青春期的时候，我深刻体会到今天的孩子所处环境和妹妹们成长年代环境的不一样。当年苦口婆心的教育方式，对我的孩子来说根本没用。

女儿青春期的时候，我常常被堵在她的房门外，怎么叫门也叫不开。一旦遇到交流不顺畅，她先要求我闭嘴，随即她会逃离现场，我连教育的机会都没有。我们之间发生过激烈的争吵。

男孩的脾气更暴躁。儿子到了青春期时，更强烈地抗拒我的关心，拒绝我的靠近。他要独立的空间。他甚至说："下次你来学校看我，要预约我的时间。"我心里嘀咕着："我生的孩子，我想看还要预约？"但面对这个个子比我高、思想开始丰富的他，我承认他有些话说得有道理。

良好的夫妻关系是建立亲密亲子关系的基础。有的父母对孩子的天真过度保护，让孩子一直生活在幻想里，真正的危险来临时，孩子毫无应对的能力。有的父母对性教育遮遮掩掩，比如对生殖系统描述模糊等，其实并不利于孩子的成长。

婚姻状态直接影响子女的心理。离异家庭、单亲家庭，子女对爱的渴望和对完整家庭的希冀是有需求的；经常争吵的家庭，子女生活在其中会无所适从；经常目睹家庭暴力的孩子，容易形成冷漠、胆小、孤僻的性格，有些严重的会发展成精神问题。

不管夫妻之间的情感处于什么状态，爱或者不爱，家庭教育都得实施起来。生活中我看到有些离异男士在发展新的感情时，全然不顾子女的情感需要和身为父亲应尽的职责，当“甩手掌柜”，这样容易让青春期的子女产生怨恨。人到中年，孩子往往在青春期，开始自我觉醒，对父母的教育方式有一定的认识，既希望温暖关心，又逃避过度关注，父母需要用智慧来陪伴他们走过这一关键时期。男孩到青春期特别需要父亲的陪伴。即使此前对家庭教育投入不够的父亲，抓住此关键阶段建立亲子关系，也会有意想不到的收获。

产生中年情感危机时，我觉得还有一点需要提请家长注意，不管你对你的另一半有多么厌恶和轻视，在子女面前都不要带个人情绪和戴着有色眼镜把对方贬得一无是处。要淡化对方的缺点，强调对方的好处，让子女对自己的父母有公正的认识和态度。否则，你对另一半的语言伤害，其实也容易让子女建立一种同情对方的情感连接，从而对你的教育持怀疑态度，这样不利于子女健全人格的培养。

婚姻质量与家庭教育

婚姻，古人曰“昏姻”。我笑称“昏头”的姻缘。通过对婚龄的别称可以看出婚姻的脆弱：1 年纸婚、2 年棉婚、3 年皮婚、15 年水晶婚、20 年瓷婚、25 年银婚、50 年金婚。

你的婚姻处于哪个阶段？你有什么心得？

古时婚姻是父母之命、媒妁之言，多数人结婚后才开始恋爱，在生活细节中培养感情。现代人都是先恋爱后结婚。照理说，谈恋爱应该已经谈透了，双方的情况、彼此的希望、共同的目标应该在恋爱时期已经谈得清清楚楚，才会携手走入婚姻殿堂。可很多人说，爱情和婚姻根本不是一回事。恋爱时花前月下、海誓山盟，生死契阔、与子成说。结婚后有的夫妻相濡以沫、和谐共处，比翼双飞、举案齐眉；有的夫妻则在走过婚姻的新鲜期后渐生疲惫，两看相厌、冲突不断、无以为继。

婚姻对生活质量的影响不可忽视，嫁娶当谨慎。其实，婚姻的各个阶段都会遇到不同的问题，而从恋爱到结婚后的生活，婚姻的磨合期不可小视。婚姻需要彼此不断磨合，而“七年之痒”是无数婚姻男女的真实经历和宝贵经验，这种危机考验直接影响婚姻的稳定。

婚姻并不是简单的事，在长期的生活中要继续磨合“三观”——人生观、世界观、价值观。这看起来宏观，实际上也很具体。比如，对方处在什么位置，用什么眼光看待与分析事物；在另一半的思维中，对你所了解的事情的理解、判断和抉择；等等。你们的人生目的和意义是什么？人生道路的方向如何选择，对待生活的态度如何？这真的不是恋爱中的卿卿我我能短时间交流清楚的。恋爱期间的男女都有相互表露优点的倾向，展现出来的也是能博得对方肯定的阳光部分。而性格中的阴影部分，在婚姻生活的朝夕相处中才会更透彻地彼此了解。

我听到过一位职场白领的抱怨：“我们是一见钟情的，恋爱时间很短就结婚了。3 年的婚姻，毁了我的‘三观’。我实在不能容忍他要做‘丁克’一族，不要孩子。我家就我一个独生女，总得对父母长辈有个交代啊！”“多谈谈呀！多交流，让他预想养育子女的快乐与幸福！”友人相劝。“完全没法沟通。他活在他的自我意识里。早知道他是这样，我当初就不会和他结婚。”她说。

生活态度，直接影响着婚姻的合拍程度。人生观若是南辕北辙，一人纵是万般努力，也改变不了婚姻的状态。

婚姻要磨性情。食色性也，夫妻结合各取所需，性则为生活必需品。性生活的和谐程度，决定着夫妻双方的沟通质量。现代人工作压力大、生活节奏紧张，工作情绪很容易在家里发泄。若家庭关系僵化、夫妻长期分居，外部诱惑难以抗拒，夫妻相互之间不及时采取办法，很容易移情别恋。

两情相悦的情，也要在婚姻中不断磨合。婚姻质量良好的家庭，夫妻之间的沟通是带着感情的，良好的互动模式能在生活细节中传递彼此的爱。相互理解和尊重，心灵上的交流能及时化解双方的误解，更能激发情感的力量。夫妻双方是否情趣相投，在日常生活中一目了然。

阿桦，四川女子，性格大方泼辣，谈吐自如，是做生意的一把好手。她远嫁北京，夫妻一起开店。女主外，她的丈夫负责后勤保障，毫无怨言，相得益彰。早些年他们做外贸生意，后来转行，虽效益不如前几年，但小两口日子和和美美。

婚姻要磨家庭教育。关系再好的夫妻，在二人世界时或许能做到相敬如宾，一旦涉及子女教育，就容易乱了阵脚。有的大动干戈，反目成仇；有的各执己见，裹足不前。家庭教育最能淋漓尽致地体现婚姻关系，也能看出夫妻之间的情感磨合程度。一位中学生向我吐露过他的烦恼："阿姨，您知道吗，我爸爸出手就是打人，张嘴就是脏话。我妈妈的娘家人都讨厌他。他要是训我，一句话里能带四五个脏字。"

如果说婚姻是漫长的河流，男女都是河流中的石头，只有在不断的磨合中，自我调整期待，才能找到彼此舒适的相处方式。

婚姻是家庭的纽带。婚姻并不是让你和爱人成为不同的人，而是让双方对家庭更加专注。这一点很重要，很多人走入婚姻是为了改造对方，结果对方并没有改造好，自己先倒下了。也有些夫妻，孩子出生后，感觉万事大吉，就不再关注婚姻。这样很多夫妻并没有共同成长，可以说生完孩子，夫妻之间就开始出现裂痕。

不管你的婚姻是不是伟大、是不是稳固，或者十分艰难，甚至婚姻破裂，但家庭教育的责任和担子不能甩。当前社会离婚率居高不下，一些离异家庭的子女没有良好的家庭归宿和情感依靠，容易出现心理问题甚至导致社会悲剧。

每一段婚姻都要经历很多阶段，但保持良好的婚姻关系与家庭活力，需要家庭成员共同努力。

你在家庭中到底是什么角色？

- 强／弱；
- 严肃／有趣；
- 负责任／自由奔放；
- 缓慢深沉／机智灵活；
- 热情耐心／冷酷自我；
- 家庭和社会导向／独来独往。

爱的目光不在于彼此凝视，而是注视同一个方向。婚姻是一场艰难的创业，所有的婚姻不会都是完美，也没有十全十美的家庭。在家庭教育发生冲突时，有几点需要家长们注意：

- 要承认家庭成员之间的思想差异；
- 学会倾听，而不是辩论；
- 不要把问题当敌人；
- 相互参与，让其他人闪开；
- 寻找兴趣，一起探索。

每个人要寻找婚姻中的人格角色，客观地看待自己。

你的婚姻怎么样了？你的心情现在好吗？你若正被痛苦包围，是否审视过你的婚姻质量？你若刚走出一段不堪启齿的婚姻，怎样面对一段新的感情？你若是大龄未婚青年，是不是有不少拒绝走入婚姻的理由？

年轻时可能并不懂婚姻的实质，都是摸着石头过河。有些人游到中途，发现石头根本不可靠，早早地掉入水中，连呼救都来不及；有些人鼓足了干劲，硬撑着一起走到了对岸，却发现物是人非；还有些人没游几步，就把对方踹到了水底。

如果有机会让你重新选择，有机会让你再来一次，无论你和谁结婚，我觉得都要考虑以下这些问题。

1. 双方可以接受的底线。男女双方各有什么追求固然重要，这直接关系到彼此有没有可能走到一起，但更有必要了解对方的底线。比如，有的女士完全不能接受男士吸烟、酗酒，有的男士不能接受未来的老婆外出应酬交际。双方要想好：有没有什么难以割舍的东西？能为婚姻放弃什么？能不能让孩子随母姓？赡养老人的方式如何合理安排？双方家人交往的界限在哪里？这些都需要提前说明，把自己的底线和对方的底线都说清楚。

2. 双方的生活习惯。每个人都有自己独特的生活习惯，也有些是原生家庭培养的生活方式。结婚后能不能习惯对方独特的生活习惯？有位大姐和我倾诉，她已经70多岁了，孩子都在外地工作，她和先生各住各屋，先生的房间从来不向她开放。如果他要外出，肯定会给自己的房间上锁。她虽然容忍不了这样的习惯，但风烛残年，她哪里还有抗争的力气？

3. 双方的消费观和优缺点。消费观这一点很重要，在谈恋爱时就要看清楚。有的男士死要面子，借钱、贷款，提前消费却无偿还能力；有的女士大手大脚、虚荣攀比，不顾家庭经济实力；还有的人精明吝啬、处处算计，在外胡吃海喝，却不愿意给家人生活费。消费观直接决定婚姻质量。

4. 对待婚姻的忠诚度。你是否能接受对方有异性朋友？如果对方发生精神出轨或身体出轨，你还有没有可能继续维持婚姻？如果对方违反忠诚约定，应该负什么责任？

5. 关于孩子的问题。如何把孩子抚养好？如果女方不愿意为孩子放弃工作，有什么办法能解决问题？在子女教育上，各自应该承担什么角色、做哪些工作？当教育理念发生严重分歧时，如何解决？

还有双方之间的经济约定、家务分配、职业规划、家人关系处理等，都十分现实而敏感。若有一方以敌意的眼光审视你的家人，估计双方也难以维持相爱的关系。

结婚的那本证书，是个宣告。但漫长的婚姻考验，难以保证婚姻的走向。多年前，我的一位文友结婚，我们讨论拟定了一份协议，可以从中咂摸一下婚姻的味道。

甲方：XX（男）　　　乙方：XX（女）

我们将在人生道路上同行，共同走过崎岖或平坦的道路，我们将在婚姻中彼此分享、共同成长。我们宣誓，我们将成为终生的朋友、伴侣、唯一的真爱。我们承诺从今时直到永远，无论是顺境或逆境、富裕或贫穷、成功或失败、健康或疾病、快乐或忧愁，任何环境下都敬重、疼爱对方，除了死亡之外，永不分离。

为更好地保护这段感情，特立此协议如下：

一、财产问题

1. 双方婚前财产归各自所有，婚前所负债务亦由各方各自承担。

婚后双方收入属于共同财产，男女双方共同负担家庭开支。婚后开设夫妻联名存折，存入、管理共同财产，甲乙双方生活租房、物业水电、衣食、车辆使用、生育、孩子教育等费用均由该账户支出。

2. 婚后所有财产的持有比例：甲乙方各持有 50%。

3. 明确乙方掌家，共同财产和生活开支由乙方管理，操持运营家庭共同财产。勤俭持家，不慕虚荣。共同财产只能单向注入、转注，不能将共同财产转移出去给任何人或某一方。

4. 甲方每月定时向联名折打款。当甲方不在乙方身边生活时打款 XX 元，当甲方在乙方身边生活时打款 XX 元，乙方负责共同财产的使用、投资、经营。

5. 由乙方建立家庭财政账簿，详细记录每月收支情况，做到计划消费、合理分配、统筹计算。严格控制合理费用外的透支、借贷情况，如有需求提前申报。特殊情况甲乙双方有权独立做出支付行为，但事后必须向对方解释说明。

二、权利行使

1. 实行公平的基本原则，充分尊重、团结双方的亲人。

2. 所有重大决策须经双方协议决定，决策时尊重乙方之名位，倚重甲方之智谋。

3. 欢迎父母提供参考意见。对双方父母、亲人尊敬，但抵制其过分干涉。

三、双方老人的赡养相处和关系把握

1. 孝敬老人的经费由联名账户（共同财产）支付。老人以小夫妻和睦为重，颐养天年。

2. 在保证夫妻和睦的情况下，创造条件让父母居住环境舒适，努力让老人享受天伦之乐。双方要尊敬、关爱双方的父母，对待老人要和善，饮食起居要关心。

3. 若与对方父母（或家人）产生矛盾，不准当面冲突，甲乙方私下协商解决，不得因之影响夫妻感情。要坚决抵制来自二人之外的输入型矛盾，强调自己对对方的爱。

4. 老人能生活自理时，管好自己的生活为要，不介入子女生活和经济运作等。

四、子女抚育问题

1. 甲乙双方须在婚后两年之内要孩子，双方不得重男轻女。

2. 孩子出生后，乙方在身体许可的条件下亲自哺乳，对孩子因材施教。

五、家庭琐碎事务及家务问题

1. 为共建和平民主之家，双方有责任共同承担家务，保证家庭环境卫生、明朗、温馨。甲方必须尽力协助乙方做好家务。水、电、电器等出现故障，全部由甲方负责维修和保养，重体力活全部由甲方负责。

2. 双方各自的朋友及亲属往来，本着团结友善、互不干涉原则，双方要给予必要配合。

六、发生矛盾和问题的处理

1. 文明用语，互相尊重。甲乙双方不得以任何理由分床睡，不得冷暴力。

2. 双方应尊重对方的隐私，但个人隐私必须在一定范围之内。

3. 不纠结双方婚前所涉各方故事和得失，轻装经营婚后幸福。

4.有事晚归须提前告诉对方，出差时要随时汇报行踪，手机将要没电的须汇报。

5.不沾染不良习气，坚决不许参加赌博、不准吸烟。

6.不得背叛家庭，否则家庭共同财产全部归无过错方所有。

7.二人以对方为生命中最重要的人和根本利益所在，以家庭和睦和发展为重中之重，避免对权和利的争夺纠缠。

以上协议，并不能概全婚姻百事。真正影响婚姻质量的，是夫妻双方的有效沟通。婚姻关系不仅仅是夫妻之间的关系，也是家族关系，是双方的人际交往圈关系。希望你在有质量的婚姻里，笑看世间风云。

两性关系需要长时间去磨，磨到各自阴影层的问题全部显现出来，被彼此意识到，然后才能通过自我转化，达成真正具有成熟品质的关系。而一些婚姻解体的人，其实就是看清了自己和对方，如果达不到共同接纳的目的，那就不如选择放弃，各自去寻找更匹配的人。

选择结合时，男女双方一定是找到了能彼此契合的点。走进婚姻后，随着相互了解的深入，逐渐认清对方和自己。婚姻里的另一个人，其实也是一面镜子，能照清楚自己。每一桩婚姻，各有各的相处模式。很多人以为婚姻中只要找到了那个对的人，一切问题都迎刃而解，所以很执着地去找那个对的人。我们都要明白，婚姻不是全部，自我成长才是。

婚姻，最根本的在于彼此的成长。

父母的养育方式影响孩子一生

父母是子女的生命缔造者，是督促孩子成长的良师益友。父母对子女的影响，可能从基因上就决定了子女的特点。父母对子女有真正的养育和保护之责，会照顾孩子的最大利益。

但在我几十年的观察中，发现有些父母对子女的伤害很深，很多孩子成年后还有被遗弃的不安和恐惧感。有些母亲的“毒舌”给孩子造成了一生的阴影，有些父亲的“不在场”让孩子一生背负孤独与寂寞。

一位有两个孩子的父亲说，回想起他小时候妈妈对他的种种鄙视，自己一生都感觉被忽视。他小时候放学回家，从来没有吃到过热饭，好似自己回不回家，母亲都没有期待。

一个离婚 3 次的男人说，在他少年时，看到母亲和形形色色的男人眉来眼去，他感觉情感是不需要克制的。他在婚姻中遇到困难，就想通过换一个人来解决问题，希望别的女人能帮助他解决一个又一个难题。

一个被母亲宠溺得无所事事的男生说，他认为所有女人都应该像他妈妈一样，为家人不断做事、不停奉献。但他不知道付出太多的母亲也有过度杀伤力，影响了他独立成长的机会。

一个从小没见过父亲几次的女生说，不知道自己的父母到底是什么样的情感关系。她从小到大只见过父亲几次面，感觉不到他的爱，也对家庭关系表示怀疑。

一个被父亲抛弃，和母亲一起生活的男孩，尽管母亲再婚后继父对他很好，但他和母亲还是联系非常紧密，母亲把他当作生命中的重要男人。

一个童年时期经常被父亲带到酒吧的男孩说，父亲像个永远长不大的孩子，母亲拿他没有任何办法。父亲像个浪子一样，总是需要母亲帮他处理难题。

在人的成长过程中，青少年时期会开始对父母的角色进行批判性思考，态度从儿童时期对父母的依赖和崇拜，转为青春期的对抗或质疑。

在这个特殊的时期，如果父母给予的是积极向善的影响，青少年就能汲取到成长的积极力量。如果父母慵懒无为，子女也可能消极“躺平”。如果父母对孩子的教育是负面的，子女可能成为“问题孩子”流入社会。

大多数父亲在事业与家庭的关系上存在认识误区，认为自己的任务是赚钱养家，子女教育的任务主要应该由母亲来完成。殊不知，孩子青春期正是需要父亲引导的关键时期。缺席的父亲、焦虑的母亲、失控的孩子，是我们常见的家庭模式。

青春期的子女对于父亲的需要，是与生俱来的情感需要，不管他的母亲有多能干、聪明，他都需要父亲的角色来引导。

我对此深有体会。在孩子的儿童时期，我对他们的学习督导和生活照料较多。孩子的青春期来临后，我明显感受到了儿女对我教育的挑战。我想，是时候交出“指挥棒”了。如果说孩子的童年时期，我不信任男人能照顾好子女而尽可能做到亲力亲为，那青春期这个特殊时期，我感觉是时候把孩子交给男人了，应该让另一半来共同培养孩子。一些我不赞同的消费方式，一些孩子认为有必要做而我认为没有意义的事，我也不再坚持自己的意见，让他们在共处中找到交流的感觉就好，这样我也不用像以前一样纠结。就这样，我看到了儿子对父亲的尊重与爱，也感受到了男性角色对男孩的启蒙与教育。

父亲是养育者，是孩子的保护者，也是精神工作者。父亲养育孩子，能让孩子感觉受到重视，从而更有能力和信心理解规则、树立道德，能帮助孩子学会识别并表达自己的感受。

当然，我也听到过不少人对父亲的抱怨。一位同龄人说，在她眼里，她的父亲只是一个陌生人而已，从来没有给过她鼓励和帮助，是可有可无的存在。所以她非常渴望得到父爱，以至于找了一个比自己大 20 岁的男人结婚，以为能在这类成熟男人身上寻找到爱的补偿。

一个在青春期经常和母亲吵架的孩子说，那时总认为自己长大了，可以和母亲对抗。而父亲经常不在家，所以他就成为家里的“霸王”。父亲的缺席是许多母亲和儿子争斗的原因。

有些父亲在家有足够的时间，但很少与儿子进行充分的沟通，也不向家人过多透露自己的信息。一个成年男人说：“爸爸从来没有抱过我，没亲近过我，我感觉他并不喜欢我。”

而父亲不在家里，母亲和孩子会感到失望，感觉他不在乎自己。

我记得有几年，孩子的父亲经常出差，我是非常难熬的。我每到周末要陪伴两个孩子，生活上手忙脚乱，学习上无暇顾及，个人心理上也缺乏支持。那时的我有时会抱怨为何要成为一个女人；但面对儿女的成长又满是欣慰，庆幸自己是那个陪伴孩子长大的人。

父亲缺席的后果：

- 孩子会保持与母亲的过度联系；
- 孩子充满不安全感；
- 孩子无法学习表达情感；
- 孩子容易愤怒并变得消极。

总之，父亲的缺席可能会让孩子持续生活在逆反期：与权威人物做斗争，认为自己有力量；情感迷失，无法与他人建立正常联系；态度和行为幼稚，一直停留在青春期；有时犹豫不决，重视学业但无法进步；与社会情感脱节，容易沾染不良习气；等等。

作为一名母亲，如何处理父亲缺席的情况呢？回想那些难忘的时光，我要庆幸自己没有被抱怨吞噬初心。虽然自己内心有很多苦恼，但我从来没有停止对子女的关心。我和孩子周末去参观博物馆、走访亲友，生活丰富多彩，也就让孩子淡忘了父亲缺席的遗憾。

如何了解自己的孩子，何时应该拥有，何时应该放手，这要求家长对青春期子女的心理需求有良好的把握度。

家长养育子女的方式，会影响青少年长大后是否有责任感、能否学会担当。负面父母有时会起到毁灭的作用。一个醉鬼，你放心把孩子交给他吗？一个流连于风月场所的女人，你放心把孩子交给她吗？一个经常施暴的家长，他能带给孩子希望吗？一个说话刻薄的家长，他对孩子造成的心理阴影有多大？

父母有耐心，则孩子可能有耐心；父母善良，则孩子性格也可能仁慈；父母肯奉献，则孩子也可能乐于奉献。

为何家庭教育如此重要？家道正而天下安定。一个家庭，父母要尽父母的责任，子女要尽子女的责任，丈夫要尽丈夫的责任，妻子要尽妻子的责任。

倾听孩子的声音

中年夫妻与青春期子女的矛盾，来自孩子认为自己长大了，不愿意继续被管，家长却认为孩子毕竟还是孩子，还习惯于对他们无微不至地关心。

青春期危机的本质，是青少年对成熟的渴望或苏醒与现实生活中的停滞或障碍两者之间的矛盾和摩擦所产生的心理不适应的问题。

而家庭关系在这个时间会陷入一种紧张胶着的状态。

从女儿升入初二开始，我就感觉到教育的力不从心了。她几乎听不进去我说的任何话，加上手机的魅力，我们之间隔着一层无比坚固的冰。她锁上了她的房门，时刻拒绝我的介入。而她的父亲，有时也像个没有长大的孩子，他的房门经常也是上锁的。

我很难理解这样的对抗方式。

我的原生家庭是个大家庭，我们那代人青春期的表现，是激烈的“战斗”。我记得，我和妹妹不听话，气得母亲拿起竹条追赶我们，我们一个箭步跑到大院里，她根本就来不及追上。而我们和院子里的小伙伴又玩得飞起来，回家后早就忘记了父母的责骂，也不再放在心上。父母理解了孩子的心理，也不再揪着问题不放。那是一种开放的对抗，是可以排解不良情绪的冲突。我虽然在那个时期很讨厌母亲的唠叨，讨厌她没完没了的家务安排，讨厌她指挥我干这干那，一直想要有个机会，离开她远远的，但当我跑到看不见家的院子里，我在和别人家的孩子玩耍的时候，就会想起她刚才生气的模样，会自省是不是不够懂事。我回去要乖乖帮她干活，要给她擦一擦汗水，求得她的谅解。

就在她要追打、我在奔跑之时，我已经得到了情绪的发泄。我在心里说："哈哈哈，你能追到我吗？你就是打不着我。"在这样的小胜利中，我其实已经和母亲和解了。

而当我人到中年，面对我的孩子，虽然住在了繁华的都市北京，但是我感觉我和孩子之间被那扇房门隔开了，这屡屡让我心死。

我知道我应该听听孩子的声音——"放开我，别管我"。可是，我实在做不到不管。我在门外，一会儿轻声喊："吃饭了，饭菜凉了。"一会儿又喊："你出来倒杯热水呀，多喝水。"一会儿又焦虑地说："来，出来走一走，你不要总是猫在房间里。"孩子在排斥我、抗拒我，讨厌我的啰唆和唠叨，我却还在一直靠近她，她不烦我烦谁呢？

激烈的冲突显然会导致家庭关系的失和。而父母如果教育意见不一致，问题就更严重。

所以我建议，面对青春期的孩子，家长首先要明确一个道理，要首先做好心理准备，倾听孩子内心的声音，学会适当放手。

第 2 章

方向在哪里

开篇语

为何这个时代的家长这么累？为什么我们必须在无奈的现实中坚持，却没有人打破这窒息的沉默？为什么家长这么累，却得不到子女的认可？

社会需要反思，家长需要冷静，家庭教育要看清方向。

家长到底是什么角色？是周扒皮式的监工，还是循循善诱的长者？是引领孩子走向光明未来的导师，还是陪着孩子一起跑步的陪练？是只关心孩子是否吃饱穿暖的物质提供者，还是注重呵护孩子心灵的朋友？是把子女当提线木偶紧紧控制着，还是松开手中的线让他们如自由飞翔的风筝，只有在特别需要时才拉一拉线？

家长应该如何定位？教育怎样才能走出困境？时代的焦虑，能不能切断代际传递？

到底应该如何做父母？

父母应该从琐碎事务中解放出来仰望星空，应从繁杂现实中修炼格局，应从盲目焦虑中思考方向。

家庭生活的乐趣是抵抗坏风气毒害的良方。钱理群先生说，不赞成给孩子灌输太多实际的东西，应该鼓励孩子去梦想、空想。家庭教育，应该给孩子一个精神的底色。他说在他青少年时期，对他影响最大的是安徒生的一篇童话《海的女儿》，这实际上传递了一种信念，也包括一种浪漫主义精神。

我这么多年来一直坚持去全国各地给学生做励志报告，讲《让梦想点亮人生》《时代需要觉醒青年》《青年应投身于社会》等，这些理想教育，就是希望下一代人能继承前辈的风骨与理想。

一些教育工作者与我交流时都会谈及，现在的青少年是需要精神引领的，大多数乡村家庭难以给予子女清晰的精神教育和信念教育。

如何给子女打好精神底色，这是所有家长要思考的。家庭教育的方向在哪里，本篇几个方面的内容，或许可以让我们一起思考。

家长的角色与责任

很多成人刚做父母的时候是很新奇的，也是有压力的，但对自己的定位是不太清晰的。我也一样，只知道要把最好的东西给孩子，要给他最好的教育，要让他比任何孩子都幸福。

在这条道路上，我们一些人成了陪吃、陪喝、陪睡、陪玩、陪学的“五陪父母”，一些人成了上蹿下跳、咆哮如雷的“发令者”，一些人成为“运动员”陪在子女人生长跑的路上，而一些人早就被子女抛在后面。

家长到底如何定位？如果再给你一次养育的机会，你会把自己定位在什么角色？

我现在有资格反思，也有时间检讨了。在我的孩子幼儿时期，我几乎是个保姆，那段时间真的很累，母亲就是个全天候的工作，你无法有太多的选择。孩子逐渐长大，要开始培养其各种好的习惯，确立学习目标、懂得为人处世、理解社会责任，更大一些则要开始职业规划、树立人生理想、理解社会角色和家国情怀。家长真不应该把自己当成有求必应的保姆，也不能把自己当成一直陪跑的人。当然，家长也不是在一旁吆喝指挥的裁判，而应该是个伯乐。

你要了解你的孩子的特点，比如，他的优势、他的特质、他的潜能等，这肯定是需要陪伴子女成长才会得到的信息。你不陪伴，你就发现不了他的优点，也看不出他的问题，这好比伯乐相马，每一匹马都有自己的特征，关键在于彼此能否找到感觉。

大多数家长明白自己有管教子女的权利，也有教育子女的责任。但受家长的文化水平和自身条件的影响，家长对责任的理解也不尽一致。

二三十年前，不少乡村中的家长认为，自己的主要责任是把孩子带大，提供吃穿等基本生活保障。他们希望孩子听话，长大能走出乡村。近些年，城市家庭的不少家长则把所有的焦点放在孩子身上，对子女的教育投资比例提高，家庭教育的重点放在了学业上。

《中华人民共和国家庭教育促进法》是我国有关家庭教育的第一部法规，明确了家长的责任。

第十四条　父母或者其他监护人应当树立家庭是第一个课堂，家长是第一任老师的责任意识，承担对未成年人实施家庭教育的主体责任，用正确思想、方法和行为教育未成年人养成良好思想、品行和习惯。共同生活的具有完全民事行为能力的其他家庭成员应当协助和配合未成年人的父母或者其他监护人实施家庭教育。

第十五条　未成年人的父母或者其他监护人及其他家庭成员应当注重家庭建设，培育积极健康的家庭文化，树立和传承优良家风，弘扬中华民族家庭美德，共同构建文明、和睦的家庭关系，为未成年人健康成长营造良好的家庭环境。

第十六条　未成年人的父母或者其他监护人应当针对不同年龄段未成年人的身心发展特点，以下列内容为指引，开展家庭教育：

（一）教育未成年人爱党、爱国、爱人民、爱集体、爱社会主义，树立维护国家统一的观念，铸牢中华民族共同体意识，培养家国情怀；

（二）教育未成年人崇德向善、尊老爱幼、热爱家庭、勤俭节约、团结互助、诚信友爱、遵纪守法，培养其良好社会公德、家庭美德、个人品德意识和法治意识；

（三）帮助未成年人树立正确的成才观，引导其培养广泛兴趣爱好、健康审美追求和良好学习习惯，增强科学探索精神、创新意识和能力；

（四）保证未成年人营养均衡、科学运动、睡眠充足、身心愉悦，引导其养成良好生活习惯和行为习惯，促进身心健康发展；

（五）关注未成年人心理健康，教导其珍爱生命，对其进行交通出行、健康上网和防欺凌、防溺水、防诈骗、防拐卖、防性侵等方面的安全知识教育，帮助其掌握安全知识和技能，增强其自我保护的意识和能力；

（六）帮助未成年人树立正确的劳动观念，参加力所能及的劳动，提高生活自理能力和独立生活能力，养成吃苦耐劳的优秀品格和热爱劳动的良好习惯。

这些内容，或许是平日生活中老生常谈的，那在家庭教育中，家长如何根据自己的实际情况对孩子进行教育呢？

法律也给家长提出了一些具体办法。

第十七条　未成年人的父母或者其他监护人实施家庭教育，应当关注未成年人的生理、心理、智力发展状况，尊重其参与相关家庭事务和发表意见的权利，合理运用以下方式方法：

（一）亲自养育，加强亲子陪伴；

（二）共同参与，发挥父母双方的作用；

（三）相机而教，寓教于日常生活之中；

（四）潜移默化，言传与身教相结合；

（五）严慈相济，关心爱护与严格要求并重；

（六）尊重差异，根据年龄和个性特点进行科学引导；

（七）平等交流，予以尊重、理解和鼓励；

（八）相互促进，父母与子女共同成长；

（九）其他有益于未成年人全面发展、健康成长的方式方法。

在实际生活中，每个家长的文化水平和自我意识不一样，孩子成长的每个阶段对家长的要求也不一样，如何学习做家长呢？

第十八条　未成年人的父母或者其他监护人应当树立正确的家庭教育理念，自觉学习家庭教育知识，在孕期和孩子进入婴幼儿照护服务机构、幼儿园、中小学校等重要时段进行有针对性的学习，掌握科学的家庭教育方法，提高家庭教育的能力。

第十九条　未成年人的父母或者其他监护人应当与中小学校、幼儿园、婴幼儿照护服务机构、社区密切配合，积极参加其提供的公益性家庭教育指导和实践活动，共同促进未成年人健康成长。

离婚的家长是不是可以当“甩手掌柜”呢?

第二十条　未成年人的父母分居或者离异的，应当相互配合履行家庭教育责任，任何一方不得拒绝或者怠于履行；除法律另有规定外，不得阻碍另一方实施家庭教育。

第二十一条　未成年人的父母或者其他监护人依法委托他人代为照护孩子的，应当与被委托人、未成年人保持联系，定期了解未成年人学习、生活情况和心理状况，与被委托人共同履行家庭教育责任。

家庭暴力方面也有相应规定。

第二十三条　未成年人的父母或者其他监护人不得因性别、身体状况、智力等歧视未成年人，不得实施家庭暴力，不得胁迫、引诱、教唆、纵容、利用未成年人从事违反法律法规和社会公德的活动。

第五十三条　未成年人的父母或者其他监护人在家庭教育过程中对未成年人实施家庭暴力的，依照《中华人民共和国未成年人保护法》《中华人民共和国反家庭暴力法》等法律的规定追究法律责任。

第五十四条　违反本法规定，构成违反治安管理行为的，由公安机关依法予以治安管理处罚；构成犯罪的，依法追究刑事责任。

法律明确了家长的义务和责任，让家长对标自己的行为，检视自己。

在家庭教育中，家长的任务是培养千里马。只要你的马儿壮，世界各地都是驰骋的疆场，在人生的路上，总有伯乐在等待他的出现。

家长是子女的第一任伯乐。为何有些家长培养的子女碌碌无为，有些家长培养的孩子却有胆有识？为何有些家长培养的孩子容易暴跳如雷，有些家长培养的子女却彬彬有礼？为何有些家长培养的孩子笑口常开，有些家长培养的孩子却闷闷不乐？这与家长性格、培养方式有很大关系。

伯乐的作用，就在于发现孩子性格当中的优势、劣势，发现子女潜能中可能做什么的能力，发现其可塑性。比如，郎朗的父亲选择培养儿子弹琴，而姚明的父母则培养儿子打篮球。伯乐也有多种，有的伯乐善于看人，有的善于育人，有的善于鼓舞人。

教育从来不是只有一把尺子，家庭教育更是如此，每个孩子都有自己的特点。如果说校园教育是标准化建设，那么家庭教育就是个性化生产定制的工厂。无论是“天生我材必有用”的自信豪迈，还是“莫愁前路无知己，天下谁人不识君”的劝慰，或者“劝君更尽一杯酒，西出阳关无故人”的相怜，都是古人留给我们的精神财富。

孔子曾说，少成若天性，习惯如自然。在教育方法上，南北朝时期的教育家颜之推主张把爱护子女和教育子女结合起来，重视父母对子女的榜样示范作用。

我看当前家庭教育有些问题与颜之推所处的时代如出一辙。有的父母不懂教育，而一味溺爱子女。有些父母在子女的吃喝玩乐方面总是任其为所欲为，应该告诫劝勉的反而褒奖鼓励，应该呵责的反而一笑了之，等到子女懂事，还以为理当如此。等子女骄横傲慢的习气养成后才去制止，就为时晚矣。

在育儿阶段，家长很容易被琐碎的现实困住难以抽身，也很难从具体的问题中跳出来。当我回头看自己的育儿生活时，我能再一次体会到当时的艰难。但当我的儿女遇到问题主动联系我时，我的一些生活习惯、学习习惯影响到他们时，我觉得，我是一直在他们身边的那个家长。

有些家庭没有创造出让孩子思考、感受和想象的必要环境，孩子的成长障碍其实是家庭功能障碍造成的。

父母的格局影响子女的胸怀

“格局”，“格”是对人际范围内事物认知的程度，“局”是认知范围内所做事情以及事情的结果。在哲学上，“格”指人格，“局”指气度、胸怀。不同的人格局不一样。

家庭教育中，心胸豁达的家长会影响子女的价值取向。锱铢必较的家长，可能孩子的眼界也高不到哪里去。

2020 年高考，语文作文题目有提及“管鲍之交”的，其实就是谈胸怀。鲍叔牙胸怀宽广，慧眼识珠，极力向齐桓公举荐管仲。齐桓公知人善任、大度豁达，明知管仲曾差点儿杀死自己，反而重用他。他们三人彼此成就，成为历史佳话。法国作家雨果也说过，世界上最宽阔的是海洋，比海洋更宽阔的是天空，比天空更宽阔的是人的胸怀。

当前家庭教育，最重要的就是培养孩子的格局。一个人最终能否成功，关键在于德行与格局。那些没有胸怀和包容之心的人，很容易在小事上纠结。

父母的胸怀影响子女的格局。我在工作中受了委屈，或者办事不顺利，偶尔会回家和母亲讲一讲见闻、发一发牢骚，她经常安慰我：“活络活络，莫想多咯。大方大方，自然有一方。”我深刻记得母亲的这几句话，常常以此鞭策自己。

母亲的豁达让我自愧不如。她凡事都替他人着想，我印象最深的就是童年时期，家乡每到春节要“杀年猪”，这是小孩子们最盼望的。年猪每年才杀一次，每到此时大家才能痛快吃肉。但一头猪往往也切不了几块。母亲会和父亲商量，分一些给院子里的老人家，东家给一块，西家分一块，稀缺的猪内脏也分给了年纪最大的老人。当时七八岁的我和妹妹一年都难得吃一次猪肝，会噘着小嘴抱怨：“为什么要送给他们吃呢？我一年都没吃过了！”母亲总是和颜悦色，耐心劝导：“你们小孩子家，以后好日子还多着呢，要先孝敬老人。”

有一年，堂姐突发疾病，需要去很远的地方请郎中。那时家乡交通不便，母亲担心堂姐病情，连夜举着火把，独自一人夜行几十里山路去请郎中给堂姐看病。

几十年来，家乡的人们都传颂着母亲的豁达大度和坚韧担当。我15岁那年，父亲蛛网膜下腔出血，奄奄一息。是放弃还是继续医治？母亲一直有个信念，要尽最大的努力挽救父亲。她辗转求医，终于找到一位中医为父亲治疗，后来父亲慢慢恢复了健康。人们都说，是母亲挽救了父亲，也撑起一个家庭。母亲的格局，影响了我们的家风。

后来，母亲来北京定居，和我们住在一起。快递小哥偶尔来家里取件，她总是关心地问人家吃饭了吗。物业师傅来家里维修，她要递上个水果。有一次，一位快递员忙到下午还没吃午饭，母亲正好做了包子出锅，就让他放下手中的活先吃包子。

母亲常说："往开处想，向宽处行。"遇到问题不纠结，这也是一种生活态度。

有一次，我被贼惦记，笔记本电脑被盗，10 万字的长篇小说文稿没有存盘，我气得一周茶饭不思、精神恍惚。母亲说了一句话让我茅塞顿开："你这一路捡了这么多宝，掉了这点东西有什么要紧呢！人没事就好。"我百般纠结，竟然被她这一句话就治好了心病。

母亲那种替他人着想的善良、简单不猜疑的信任、遇到误解不纠结的达观、坚持不懈的信念影响着我的为人处世。母亲的这种生活态度实际上就是她的格局。受她的影响，我在青少年时期就多次被评为学雷锋标兵、市十大青年志愿者。

我在成长过程中处理问题时，自然而然就参照了母亲的方法，我也把这种影响传递给了我的孩子。

我时常会教育儿女，在抓好自己学习的同时要帮助有困难的同学，在班集体中要做热心公益的奉献者。同学之间发生矛盾时，要注意处理关系，调和矛盾。

有些家长斤斤计较、狗苟蝇营，有些家长心胸豁达、心怀天下。有些家长是矛盾的导火线，是麻烦的制造者。本来微不足道的小事，在他们的煽风点火下，往往能引发大事件。有明辨是非能力的孩子能清醒地看到家长的不足，会规避一些不良的影响。但大多数孩子会以父母为榜样，父母的格局影响孩子的价值观和人生观的形成。

我认为，破解教育的难题，最根本的问题在格局培养。家长要搞清楚家庭教育的方向，用胸怀培养子女格局。

每个家长都有自己教育子女的方式。比如，孩子回家说在学校受人欺负了，家长会如何反应？

——“人不犯我，我不犯人；人若犯我，我必犯人！你不欺负别人，别人却欺负你，你就要一个拳头还回去！”

——“告诉我，谁欺负你了，明天老爸去揍他。”

——“说一说是什么原因，我帮你分析分析。如果你自己有错，那你就要承认错误，接受结果。如果有委屈，可以找渠道提出诉求。”

——“你怎么不报告老师呀！让老师批评他。”

以上几种声音是我们常听到的。这 4 种办法，你一般会采取哪种呢？看上去平常不过的小事，考验的就是家长的格局。

还有一种人，有人说他们是“精致的利己主义者”。他们一切以自己为先，巧取豪夺，占尽能得到的一切好处。他们自己在社会上勤于钻营，好走捷径，不顾他人，自私自利。他们为了孩子，也会不顾一切给孩子铺路，金钱、地位、人脉、资源，恨不得把自己在社会上所学的那一套全都活学活用在孩子身上。利己主义者恨不得子女的发展突飞猛进，利用自己的资源拔苗助长，培养下一代跟着自己的脚步前进。

功利性的家庭教育培养了眼高手低的孩子，这样的人能走多远？

我有时看到一些孩子不愿意承担责任，总觉得做家务、做志愿服务耽误了学习。有的人认为有班干部做班集体里的一些工作就行了，自己没必要多管闲事。

其实，心胸豁达、主动承担、乐于奉献、不计得失，就是格局培养的开始。健全人格的培养，首先应给孩子指引正确的方向。有格局者，才有成大事的希望。

你希望孩子去哪里

望子成龙是家长的共同心愿。现代的教育是比较功利的，少了一些人文精神的引领，多了一些实用主义的渗透。近些年来，我在欧美等地走马观花，也思考古今中外的教育方针，对教育小有心得。

我在德国参观交流，发现德国人做事严谨得出奇。他们特别认真，认真到我们以为呆板，但他们培养出了世界级的工匠。在法国，我看到了他们骨子里的浪漫。美国民主自由，无钱寸步难行。澳大利亚人民生活普遍优裕，与英国接乘一脉。其实每个地方都有其独特的风土人情，也能看到他们教育的风格。

家长明确家庭教育的目的，我觉得有几点要让子女认识清楚：了解人生的真相，了解国家的意义，了解个人与社会的关系，了解未来的责任。这些基本的问题思考好了，我们的下一代总会有自己努力的方向。

读书到底为什么？教育子女的目的是什么？有的家长积累了足够的财富，子孙几代吃喝不愁。有的家长早早给孩子铺好了路。有的家长用自己的价值观引导子女往发财当官的路上走。有的家长顺其自然，尊重子女内心的渴望。

家长往往从娃娃落地开始为教育忧虑。在我近 20 年育儿生活中，在自我反省与社会现实的不断纠结中，我总结出一点，教育要搞清楚培养子女的目的。无论是国家教育精神还是家庭教育原则，这个基本问题都有必要先行思考。

教育的目的是培养劳动者，求学的目的之一是走入社会求职，而不是学完后啃老、浑浑噩噩混日子。

今天的社会是信息时代，教育为社会服务，鼓励大众既谋自身利益，也谋社会公益，个人利益与社会利益相得益彰。过分强调个人利益而不考虑大众利益是错误的，过分强调放弃个人利益而为社会奉献也不对。

但观社会现实，有些人缺乏公共意识，自私自利，以自我利益为重。教育要考虑为社会服务，家长的育人原则也要考虑引导子女，自我生存同时也要考虑公共利益，为社会做出基本贡献。社会利益应在个人利益之上。

一个人求知求学，解决生计温饱之外，重要的就是为社会服务。社会对人生成功与否的评判标准不限于财富多寡，不限于地位高低，不限于职务大小，要立体评价其对社会的贡献和为公共事务的付出。

家庭教育中，家长要引导子女做一个对社会有价值的人，要教育子女成为一个真正的人。

教育导向决定着国民水平，教育不是生产流水线，教育不是设备加工厂，教育不是缝纫机生产麻布袋，教育不是林场里种植速生苗木，教育更不是水塘里养殖大鱼大虾。

人是高级动物，教育是思想与智慧的启迪，教育是解惑与做人的结合，教育是发现与思考的升华，教育是修为与救世的选择。教育是润物无声，教育也是醍醐灌顶。教育是心灵滋养，教育也是振聋发聩。

儿童青少年时期，正是孩子学习人生智慧的时期，家庭教育的目的更要清楚培养人才的方向。家长的重点应该放在培养孩子的健全人格。所谓人格，就是节操之当然，伦理之本然。人类当自知爱护，自知尊重。

“真正的人”，遵循人之本性，不唱高调，不萎靡无声，不为私利苟且，但为美好生活奋斗。“真正的人”，明白人生的意义，不世故庸俗，但知社会公德。秉承一颗正直之心，不管是为学、为官，还是商贾市贩，都要不违公德、坚守原则。

家庭教育，我以为可以精简为几句：出人头地不伤害他人利益，光宗耀祖不违背社会公德。升官发财谋之有道，嫁娶社交看家风家教，关键在于品行端正。

家长的焦虑

很长一段时间，家长被“不让孩子输在起跑线上”的口号绑架，几乎没有自我思考的时间，在育儿的快速跑道上跟风。

我也一样，眼看着别人的孩子样样精通，眼看着别人的家长陪着孩子学这学那，内心焦虑无比。特别是在孩子的小学阶段，我恨不得把孩子的时间排得满满的。和大多数家长一样，周末就是拉着孩子去课外培训班，我没有时间、没有精力思考方向，也没有办法免俗。其实很多家长的心态与当时的我一样，我们都知道这样对孩子的成长并没有太多帮助，对家长既是精神压力，也是经济负担。但我们没有勇气坚持自己内心的原则，没有能力反抗现实的无奈。

我记得一位家长和我探讨过，认为现在的孩子从幼儿园开始就报兴趣班，小学、初中的周末在各种培训机构游走，家长就是配合游走的交通工具，哪里还有时间思考家庭教育的方向呢？陪着孩子学习，似乎就是家庭教育的全部。

教育的真正目的是让孩子看到更大的世界。可是世界太大，家长没有机会带孩子去看，家长关注的是眼前的鸡零狗碎，比如孩子在学校的表现、孩子成绩的排名、孩子在家里是不是迷恋游戏和手机。有些家长根本没有能力搞定青春期的孩子突如其来的情况。

家校协同，家长要配合教师管教子女，与学校一条心。但家庭是不是应该给予子女一个放松的空间，让孩子感觉到学习并不是毫无乐趣可言？还是要密切配合学校的教学目标，引导孩子往苦学的路上走？

我感觉真正需要解放的不是孩子，是家长。我真正觉醒，也是在孩子初中毕业后，我发现一些教育上的投入并没有得到期待的结果。女儿在初中时理科成绩不好，我也没有办法辅导她。她提出有同学在上课外班，自己也要去试试。我表示支持。女儿上了课外班后，我不知道是她没有找到正确的学习方法，还是有的培训机构只是个圈钱的机器，我只记得孩子还没学完春季课程，机构就开始催着交暑假班的费用，还没上完暑假班，就催着交秋季课程费用，秋季课程还没结束，就催着交寒假班的费用。总之，在那里，你感觉自己的孩子学得很差劲，需要不断地补习。他们一再提醒不早点报名的话名额不够，事实也的确如此，有些班你想去都去不了。在女儿坚持上了 3 年的课外班后，我发现她的成绩提高并不理想。如果她在课堂内多加油、多做些习题，可能比上课外班效果更好。

我也开始反思自己。在她的学习问题上，是我图省心，以为把她交给培训机构就省事了。其实，问题还是摆在那里没有改变。我需要重新审视我当初做的决定，也需要引导孩子，以后在学习中遇到困难时，除了依赖培训机构，是不是能从自身找到根本原因。

初中毕业后升入高中，孩子有机会选择自己喜欢的、有优势的学科，我们也就不再纠结了。在高中阶段，我们都得到了心灵解放。她不再因理科弱而自卑，她的语文、英语常常在年级名列前茅，这也让她找回了自信。我好像也真正得到了解放，可以抬头看见光。

我畅想女儿的未来：她要是喜欢文学，她读名著、善于观察、多练笔就好；她要是喜欢教育，她心怀大爱、用善良和学识去影响人就好。

儿子的青春期，其实也让我陷入另一种困惑。他思想活跃，想的问题比较多，对家长的拒绝程度比女儿更严重。我眼看着他天马行空，今天决定学篮球，明天决定学武术，后天决定学历史，又要学书法，过几天又说编程的确很重要，还说地理技术也很有意思。有一段时间，他沉迷于中医和道教，学习有所下降，他自己意识到危机，也认识到了课堂上不够专注，承诺家长的做不到，自己开始焦虑。他对家长和老师的沟通很敏感，很在意老师的评价。他比女儿更喜欢和我交流细节，但又排斥我的任何介入。他不需要我在他身边，只是需要我听一听他的心声。

记得有一次，儿子考得不好，但他自己认为比前段时间进步了。我在出差路上给他发信息，问他这次数学为何没有考好。他晚上回到家后不停地给我打电话，认为我批评得不对，他的态度可以说是暴跳如雷。

我连续发了好几条信息给他："不坚持的决心，都是空炮。""你自己下定的决心，认识到的问题，要靠努力和勤奋去达成目标。不踏实、不反省，只能天天做梦。""上课认真听讲，课后多练习，对于你来说并不是难事，关键要管好自己的心。”“一个人的心理成熟，不是看他得到表扬有多自信，而是看他受到批评有多自省。妈妈期待你进步，心态好一切才好。”“要着眼大局，把精力和智慧放在学习和未来大事上。切不可因蝇头小利、小得迷失奋斗方向。”“我相信，当你真正下定决心，把你的经历、热情、时间都投入到某项事业当中时，你就为未来铺下了无限的可能性。”“我希望你清醒地看到家长的优点和不足，扬长避短，团结更多的人，不排斥身边人。”“你对自己的约束力提高，学业也会提高更快。”

我能做什么呢？我虽然纠结于他对我的拒绝，但又没有办法陪伴他。我只能在他需要的时候呼应他，在他排斥的时候不自讨没趣。

如此自我安慰，我的心境自然就开阔起来，可谓“柳暗花明又一村”了。但我当时就和一些“身在此山中”的家长一样，和自己过不去，这可能也是因为“当局者迷，旁观者清”吧。

我观察过不少家庭，的确在治家的严慈有度上把握得不太好。有的家长经常板着一张脸，孩子每天大气不敢出，有一点小错误就被上纲上线、大声呵斥。这种家庭的孩子往往缺乏主见，唯唯诺诺，什么也不敢干。有的家长粗心大意，放任自流，对子女教育“大撒把”，该过问的不过问，该关心的不关心，让孩子感觉不到父母的引领和教育。这两种教育方式其实都需要改进。

当今教育一个很大的问题就是家长的焦虑。家长被“不让孩子输在起跑线上”的舆论引导，被考试的指挥棒指挥，在沉重的负荷中无疑会产生焦虑，把这种焦虑传递给子女，自然也影响了子女的心理。

我们需要做的是放下焦虑，安抚自我。特别是更年期的母亲与青春期的孩子，好似两个火药桶，如果都不懂得退让克制，那是很容易爆炸的。

“红脸”“黑脸”与协同养育

注重家庭、注重家教、注重家风给家长提出了要求，育人先育己，爱也需要学习。当家长不是简单的事。

有这样的家庭教育场景：

乡村少年小凡刚从网吧回来，被父亲劈头盖脸一顿骂：“让你别去网吧，你偏要去，你是要我揍你才听话吗？”粗暴的父亲举起手来，给儿子几个耳光，小凡鼻子出血了，不敢回应父亲。母亲拉开父子俩，一边拉一边劝：“别打孩子，小凡，你快走开呀！”小凡躲进房间里开始哭。“你这个傻女人，你管不住孩子要我管，我来管教你又要插手，你傻不傻！我不管了，随便你们怎么闹。”父亲扬长而去。小凡恨父亲——不就是玩玩游戏吗？你陪过我吗？你凭什么打我？他的内心有一万个不服气，却无从发泄。他摔了一只碗，踢倒了家里的凳子。母亲听到“嘭嘭”的声音心里发紧，在门外喊：“小凡，你别闹了，你爸这个脾气我也受不了，妈妈以前也经常挨他打。”

“那你们离婚啊！你们怎么不离婚？离婚了我跟着你过！”小凡

大声对母亲喝道。母亲的现场教育没有办法维持下去，她陷入了自我设计的困境中。她的“红脸”都没开始唱就败下阵来。

也有这样的家庭教育场景：

小林是个活泼乖巧的小女孩，人见人爱，父母更视之为掌上明珠。父亲想把一切好东西都留给小林，对她宠溺无度。小林说什么就是什么，在关于小林的事情上父亲毫无原则。眼看着孩子已经看了3小时电视，母亲要关机，她就哭着找爸爸。父亲是个“红脸”，一切都依着她：“那就再看一会儿。”电视机没关成，夫妻俩先吵起架来。

“黑脸”的母亲大怒：“你这样怎么能管好孩子！她总有保护伞给她撑腰壮胆！”

在家庭教育中你是“红脸”还是“黑脸”？你总结过此教育方式的利弊得失吗?

成年人大致也有这样的经历。一些朋友回忆起自己的成长经历时，往往对严厉的父亲不能理解，对慈爱的母亲依恋很深。在传统的中国家庭里，父亲严厉、母亲慈祥是固化的模式。在家庭教育中，为了“对付”孩子，达到教育的目的，父母常常会有约定，一个唱“红脸”，一个唱“黑脸”。这两张脸比喻在解决矛盾冲突的过程中，一个充当友善或令人喜爱的角色，另一个充当严厉或令人讨厌的角色。

这样的教育方式好不好？不管好不好，很多家长都在实践，也颇有心得。在多年的家庭教育观察和咨询中，我看到了这种方式的诸多弊端，也看到了祖辈与父辈之间教育理念的冲突。我听到不少父母抱怨，除了感情因素，对子女教育意见的不一致是影响夫妻关系的重要因素。夫妻之间为子女教育而发生矛盾、争吵、冷战的事例不少。

家庭成员如何在家庭教育中达成一致?

我认为，首先，大人要放下“控制”的架子。有些家长不愿意听从其他家庭成员的任何意见，把对子女的教育权牢牢把控在自己手里，让子女无条件服从自己，树立起家长的“威信”。而强势的祖辈或另一位家长，也不能接受孩子根本不听自己的教育引导，感觉自己的思想无法传递给孩子，自然会有挫败感，觉得面子上过不去。这样，家庭的导火线一触即燃，家长容易在孩子面前争吵不休，在孩子面前“争权夺利”，在孩子面前相互否定，让孩子无所适从或钻空子。

其次，要维护主要施教者的威严。家庭教育总有主要的实施者。今天的社会环境下，男人大多在外拼事业，女人陪伴子女的时间更多。那么男人就应该帮助女人树立威信，要教育子女尊重母亲，理解母亲的教育方式。有些男人在家里吆五喝六，总当着孩子的面说爱人这不是、那不是，不懂得尊重女性，不懂得维护另一半的面子，孩子又怎么会听从母亲的教育呢?不维护主要施教者的威严，父亲经常缺席教育现场，母亲身在现场却无力干预，孩子的教育自然是空谈。也有不明智的母亲，把夫妻双方的情感纠葛归咎于对方，或者一直在情感伤害中走不出来，容易盯住对方的缺点，在孩子面前时常说另一半的不是，这样也容易让男人丧失父亲的尊严，导致对孩子教育无力。

夫妻恩爱是最好的家教现场。有的家长对另一半吹毛求疵，或者目中无人，自以为自己疼爱子女就是好家长。殊不知，你的一言一行、一举一动都被孩子看在眼里。明辨是非的孩子会同情家庭另一成员的尴尬处境，虽然屈服于“权威家长”的威信不敢表达意见和主张，但内心会有想法。容易被表象吸引的孩子，则往往会站在“权威家长”的立场，轻视或嘲讽“弱势家长”。这其实不利于孩子的身心健康和人格培养。父母彼此包容、相互尊重、和气沟通的样子，就是孩子将来经营家庭的学习模式。

其实，家庭教育的推进，光靠家长是不行的。毫不夸张地说，我国还有大量家长在用原始的“棍棒底下出孝子”的教育办法应对今天接收各类丰富信息的孩子。大多数家长抱着望子成龙的心态，但面对孩子出现的各类问题束手无策。

家风家教的影响和浸染，需要长时间的社会影响和环境带动，这对于需要提高自我素质、提高教育能力的家长来说，是个很大的挑战。

我认为，社会各界要形成合力推进家庭教育。

家长要改变思想意识上的问题。有句俗话“清官难断家务事”，这说明家务事比较复杂，同时也助长了一些人不关心家庭、不关注家事的不良风气。有些男人认为家事是女人的事，是婆婆妈妈的事，而自己是在外干大事的。他们忽视家庭成员的精神需要，在思想上不能与家庭成员达到良好交流。还有的家庭成员发生激烈矛盾时，会找到对方单位，请领导评理或做思想工作，有些领导认为家务事不方便出面，认为这是个人问题，组织不便干涉。

如果一个单位对自己的员工家庭生活不关心、不关注，对该严格要求的放任自流，那单位员工良好的家风家教也是难以蔚然成风的。单位领导要关注员工的家风家教，工会组织、关工委、政工人事部门有必要了解员工家庭成员和生活状态，以及其对子女的教育方式有无不妥之处。

一个城市、一个地域，当地的人文环境好不好，家长对家庭教育的参与热情高不高，下一代人才培养得多不多，关键在于当地对教育与文化的重视。不做面子工程，不搞形式，才能把家庭教育的氛围营造起来，切实让家长提高自我能力，有教育子女的信心与解决问题的办法。

如何发挥各职能部门和社会团体的优势与力量，形成持续教育的长效机制，使家庭教育的联动机制不因某一个单位领导职务的调整而半路夭折？如何长期为广大家长提供科学的家庭教育指导，帮助家长解决家庭教育中的困惑？其实就是发动一切社会力量关注教育、关注下一代成长。

国民素养、道德水平、文明程度提高，就能避免很多悲剧。这就要求家庭教育、学校教育、社会教育“三位一体”，要求社会各界深刻思考育人的问题。因此，家校社协同育人机制的建立尤为迫切。希望各地有识之士联合力量，为教育添砖加瓦，为教育肝胆相照，为教育同心同德，为教育义不容辞！

家庭“有病”怎么办

近些年来，我们看到的家庭问题越来越多，尤其是新冠肺炎疫情及后疫情时期家庭爆发的心理问题也比较多。

城市家庭中普遍存在的问题，或许还能在家庭成员努力沟通的基础上想办法改进，而少数乡村家庭，就像无人过问的山村野果，在经济大潮和社会急流中摇摆。农民在多年的离乡背井、进城务工生活中，家庭瓦解、夫妻反目、留守儿童的问题增多，这些急需社会关注的问题步步逼近。乡村振兴，关键在于乡村家庭的稳定，只有乡村留人，家庭结构稳定，乡村振兴才有希望推进。

发生在乡村家庭的一些恶性事件，暴露出乡村家庭矛盾长期积怨、无外力调解，也凸显出成人心理健康的重大隐患。在激烈的社会竞争和生活重压之下，婚姻关系恶化、负面情绪长期得不到排解、家庭暴力施暴周期拉长，导致乡村家庭悲剧频发。

当前乡村空心化，外出务工人员多，两地分居的也多，家庭矛盾自然多。一些家庭问题得不到及时处理，累积的心理问题会越来越多。加之生存压力大，人际关系相对而言比以前淡漠，邻里亲戚往来减少，夫妻矛盾没有外界力量干预，短期内很难重归于好。周期一长，情感淡漠更趋严重。思想偏激、脾气暴躁的人，在此情况下，情绪更容易被引爆。

长期以来，我们都依靠组织来帮助有困难的家庭，比如妇联、民政等部门。而广大的家庭面临的问题，可以说五花八门，显然没有一个部门能够大包大揽。家庭教育、家庭工作都是非常重要的社会工作，这需要社会组织的介入。我们有婚姻指导师、家庭教育指导师等各类岗位，但我认为针对家庭具体问题的家庭治疗是一项重要工作。

世界著名家庭治疗大师萨提亚的研究理论被誉为“家庭治疗的哥伦布”，以下我引用她的一些观点：

作为家庭治疗师，我现在知道，我要做的事情是尽可能地促进每个家庭成员自我的发展，并在家庭、社会机构以及整个世界中建立滋养型的人际关系。

它从家庭社会等系统方面着手，更全面地处理每个人所面对的难题，它不求消除“症状”，不强调病态，而是着重提高个人的自尊，改善沟通及帮助个人更“人性化”，最终目标为“身心整合，内外一致”。

20世纪50年代，萨提亚能在家庭治疗中深入研究得到这些理论是非常不易的。而我自十几年前关注家庭教育以来，也对家庭关系处理和家庭问题有更多发现。

在家庭成员中，男人往往很健忘，他们大概不会去记一些家庭生活事件。即使遇到棘手的问题，他们也容易归咎于现在。但对于女性来说，改善现在的不良关系，需要一个生活时间轴。

我在一期电视节目上看到一对夫妻，男方寻求节目帮助，希望爱人回心转意，回到自己身边。爱人上台后放声大哭，数落男人对自己的寡情薄义：在她生育的时候，男人出轨；在她坐月子的时候，男人从来没有做过一顿可口的饭菜。男人争辩说："我姐姐在照顾你，你怎么不知足呢？"女人回答说："你姐姐能代替你吗？"女人从刚结婚所遭遇的冷落开始翻旧账。对她来说，这个生活事件的时间轴，是她受伤的记忆表。不管他们能不能重归于好，我认为，家庭关系有时候需要厘清一些症结所在。有观点说不要翻旧账，可如果旧账没算清，新账又频频来临，这样的关系迟早要崩溃。

萨提亚有个"家庭生活事件编年史"(Family Life Fact Chronology）的治疗办法。所有家庭成员都在场的情况下，记录每个家庭成员的生活事件中的基本事实，即谁在什么时间、什么地方发生了什么事情。这并不是社会史，而是家庭编年史。它侧重记录那些具有发展意义的事件和创伤性的故事。

这个办法最大的价值在于谈论的是过去的事情，但事实上却是在构建当前家庭的现实情境。家庭成员间可以通过"家庭生活事件编年史"开始彼此的沟通，包括添加、纠正、告知和正视各种信息。这也有助于我们理解他们过去的情况，并获得当前家庭纠结的各种力量的线索，而正是这些力量提供了家庭发展的动力。

在我的家庭里，我们就用到这样的实践。由于父亲多次遭遇生活考验，年轻时期先后摔伤两次、重病一次，沉重的家庭负担给了我母亲极强的生活压力。在二人关系中，偶尔父亲态度不好，母亲就会陷入对过去所付出的是否值得的无限痛苦之中，她会一次次从家庭事件中回忆起在艰难时期的自我付出。如果父亲毫无表情且吝啬表达，母亲会十分愤怒。作为子女的我，会劝父亲要对母亲表述的家庭生活事件编年史表示共情，要感谢爱人的努力，建设了这样一个幸福之家。

其实无论用什么办法，关键的问题就是帮助那些真正陷入心理困境的家庭成员走出来。生活中有些人，并不懂得这种沟通的重要性。他们对于自己的不足或对家庭成员的失敬、伤害，没有从内心上反省或真诚道歉。这就容易让对方产生不服并与之对抗的心理，直到逼着他深刻意识到自己的错误。

家是港湾，家是依靠，但家有时也是相互伤害的场所。家庭环境与儿童的学习障碍、自我意识、问题行为及个性之间相关，而父母的教养方式对子女的学业成就有影响。从儿童时期的行为问题，如攻击反抗、违纪越轨、焦虑抑郁、孤独退缩及各种身体不适等，可以预测孩子青少年期与成人期的种种问题。父母不良的养育方式，如拒绝、偏爱及过度保护，都容易使子女偏离方向。

家庭成员发生问题，往往是家庭系统问题的反映。我认为，家庭治疗师相比婚姻指导师、家庭教育指导师，更有综合统筹性，也更能从家庭实际问题出发对症下药。对夫妻冲突、子女学习问题、青少年行为问题等都能提供有效帮助。家庭治疗师大有可为。相关部门要根据当前家庭的突出问题，拿出切实方案，培养一批人才，深入乡村蹲点，对于偏执型人格障碍的、精神疾病严重的、家庭关系恶劣随时可能引发悲剧的，要了然于心，及时干预，避免悲剧。

家庭“有病”不能拖，家庭“有病”需要治。不要以为家务事不重要，不要不把家里的事当回事。

控制不是爱

大多数人都知道，控制不是爱，控制也不是家庭教育的好手段，可有些人却不知不觉陷入了控制的陷阱。

家庭关系中，男人对女人控制，家长对孩子控制很常见。我看了不少家庭个案，男人对女人的要求是听话。他不需要你提意见，也不需要你说想法，更不需要你工作，你在家管家管娃就行了。他要求你听话，不要胡思乱想。你要有什么想法，他认为是多此一举。

最常见的控制就是情感控制、精神控制、经济控制。在全职家庭妇女的生活中，男人但凡有一点儿不如意，就可以搞经济封锁，不给女人钱花。女人百口莫辩，投诉无门，无理可讲。一些女人为了孩子，为了家庭，忍气吞声，只能接受这样的控制。

精神控制比经济控制更可怕。一些男人为了维护个人尊严，会不断在女人面前否定她的优点，让她感觉自己无能，只能依附于他生活，离开了他就无处可去。久而久之，女人真的感觉自己一无是处。男人则认为一切都在他的把控之中。

我就见过这样一位男士，他要求妻子、老人、孩子都无条件服从他，一旦提出不同意见，他就认为家人不听话，时常贬损家人，让人十分难受。他的孩子“吐槽”说父亲从来没有肯定过他，总是挑他的不是。除了要他听话，没有别的要求。

有些家长忙忙碌碌，匆匆赶路，与子女沟通不多。这些家长的思维很简单：孩子听话，要什么就给你买什么；孩子不听话，一毛钱都不给你花。可怜生活在这种教育环境中的子女，大气不敢出，也不敢表达自己内心的想法。

我在情感咨询中多次鼓励女性，要有自己的生活，要经济独立和情感独立。我认为在爱情、婚姻、工作中，女人都要保持自己的能力。

你的男人如果能养你，你也愿意享受其中，那没问题。但你要有赚钱的能力，若遇到情感背叛、遇到家庭危机严峻考验，你能再度“复活”。

我也在家庭教育咨询中多次强调，家长不要把自己当作“土皇帝”，家庭教育的目的，是培养适应社会的子女，而不是坚决服从家长个人权威的子女。事事都顺从的孩子，无法摆脱对大人的依赖。

在家庭关系控制中，我经常看到一些家庭进行打压教育，对家庭成员指责批评，让家人丧失自信心，让孩子懦弱自卑。这样消极的心理暗示，对家庭成员心理健康极为不利。在喜欢控制的家庭成员的意识里，他认为给予你的，你都应该接受，他要求你做的，你必须无条件服从。这很容易造成亲情压抑的状态，他意识不到，他单方面施与你的，并不是你需要的。

还有些家庭的孩子，一直生活在苦情教育中——家长的一切付出都是为了孩子，家长牺牲了自己的一切。这在单亲家庭中比较常见，有些孩子容易因此被激发出动力，也有的孩子会被刺激而走到另一条路上去。

控制不是真爱，无论是男人对女人的控制，还是家长对子女的控制，从本质上说，都是自私。

每一个人都是独立的个体，要允许他人有独立思考和表达意见的自由。

要听话还是要对话？无论是上下级关系、夫妻关系，还是家长与子女之间的关系，都值得深思。

过分控制，绝对不是真感情。

婚姻是男女之间的约定，意味着彼此愿意相守相伴。但往往婚姻也成为相互控制的手段，夫妻彼此控制，父母控制子女。比如，有的家庭，丈夫要求妻子必须守在家里，听话就给钱花，不听话就限制经济自由。有的家庭，妻子一天打 20 个电话，不是问丈夫在不在公司，就是问丈夫到底爱不爱自己。有的家庭，长辈当家，媳妇就是个受气包，大气不敢出，或者是女婿要看岳父的脸色吃饭，什么事都不敢做主。当然，孩子就更好控制了，未成年人需要成年人的照顾和庇护，就得听从家长的教育。有些家长把自己的权利无限放大，就变成控制。父母好似孩子的主人，孩子有时成了家长的面子，养育成了索取回报。

家庭中有时最大的亲情纠葛就是没有边界。一家人，家长就是最高领导，其他人都是附庸。很多时候，喜欢控制的人根本不会想到配偶和孩子是独立的人。在控制环境中长大的孩子会时刻保持警惕，他开始相信，如果自己控制了一切，就没有人能伤害自己。

也有些控制型的女人，在她的婚姻中，无论男人为她做什么都是不对的。除非她控制了所有结果，否则她就会感到不自在。“控制狂”会导致严重的人际关系问题，和不信任你的伴侣是不可能亲密的。亲密要求双方能接受对方本来的样子。信任障碍会导致对他人的信任走向极端。

很多女人以为婚姻能解决所有问题，只要能找到那个对的人。许多成人在担心被抛弃和害怕被吞没中犹豫，另一些人则因为害怕孤独而拒绝解除具有破坏性的婚姻关系。

多年前我认识一个女孩，她无业，找的对象是有工作的。他们并没有结婚，男人经常实施家庭暴力，辱骂之语不堪入耳，女孩经常身上青一块、紫一块。我问她为何不选择离开，她说其实对方好的时候也不错，自己没有工作，也不想再寻找新的感情了。他们之间陷入一次又一次危机，却在争吵打斗后再次和好。

有的男人会疯狂追求一个女人，可一旦建立亲密关系，就开始疏远她，通过收集批评清单来达到控制的目的。他们吵架冷战后又激情相爱，然后男人再继续制造距离。

一个人建立强烈自我意识的方法是建立清晰的边界。我们需要有自己的安全距离，当别人太过靠近时，我们会将其推开。

人生发展的首要任务是建立基本的信任，相信自己。被控制的孩子，往往会走向两个极端：一是没有主见，唯唯诺诺，没有独立思考能力，难以胜任高难度工作，习惯被统治、被指挥；另一个方向可能就是反抗控制，叛逆、对抗，以证明自己正确。夫妻关系也是如此，被控制的一方渴望独立，渴望实现自我，往往也会采取对抗手段争取权利。

自我反思，我曾经也是个控制型家长，希望孩子按照我的思路发展，是女儿给我上了一课。

那天，我安排她去办香港自由行签注，她说下雪天不去，等雪化了再去。我说你早一天办完早一天放心。她就不去，妥协的只能是我。后来，她按照自己的计划，也顺利办完了手续。临行那天早上，我送她出发，她将独自一人出行。车道拥挤，来不及送上拥抱，只见她欢喜地挥手告别："老妈，拜拜。"

我们的子女，他们真的都是独立的人。你不要指望他事事听你建议，你自以为正确的、必不可少的意见，其实可有可无。他们有自己处理问题的办法。

子女年幼时，悉心照顾是真爱；子女成年时，信任他，给他独立思考和处理问题的机会，放手是真爱。对你百依百顺的孩子，也许少了独立的机会。越限制越生厌，越控制越难熬。握一把沙，松紧适度，漏下去的是那些难以把握的爱，最后留下的，是当初那颗心。

家风传承很重要

古时婚姻是重要礼仪，关系社会大局，古人对家风家规传承也十分重视。西周时期姬旦云“德行广大而守以恭者，荣；聪明睿智而守以愚者，益”，春秋末期孔子曰“不学诗，无以言；不学礼，无以立”，三国时期诸葛亮说“静以修身，俭以养德”。你理解的家风家规是什么？

常听人在谈到一些社会丑陋现象时感叹，社会风气不好，人心难测。社会风气不好，究其原因是什么呢？其实，这与家庭部分功能弱化是有关系的。由于社会环境的变化，家庭形态相对发生改变，家风传承的确遇到一定的困难。原有的家族群居模式，其实在家风教育上更有利。小家庭分散居住的模式下，下一代和家族亲人连见面的机会都很少，要全面了解家族家规，就存在时空上的困难。

但家族传统、祖辈家训，还是应该有良好的传承方式。

我曾经做过青少年心理调研，对他们的家庭环境做过详细研究。不得不说，有些孩子受到的并不是正向的、积极的教育，其家庭规则和家庭道德文化建设相对薄弱。

我童年时生活在南方，那时长辈来我家，父母总是先倒一盆热水，招呼我们端水到客人入座的地方，请客人洗手。洗完以后，我们取出为客人准备的新毛巾，放水盆里打湿，拧干毛巾后请客人擦干手。父母对长辈、对客人的那种热情、尊重的礼节，从来不觉得是繁文缛节。

我深切体会到父母待人接物的热情，我母亲是最好客的。要是提前几天知道客人要来，她会早早做好迎接准备，要为留宿的客人换新被子，准备牙刷、毛巾、澡巾、居家拖鞋等。客人来的那天，她早早就会去路上迎接。待客期间，小孩子基本不能上桌，好吃的都要用公筷给客人夹碗里。我们有时偷偷看着眼馋，只希望客人筷子底下留情，给我们留些好菜。当然，来客看着家里的几个孩子，也总会客气地让来让去。

再说送客。记得少时亲戚来串门，或者我家有隆重大事，母亲总要准备不少回礼，而礼金一般都会在客人送的基础上添加一些打发回去。客人会推辞，所以送客的环节总是推推让让、热闹非凡的。我们小孩子就会在一旁看热闹。离开家门，大约要送出半里地，才算是送客到位了。

当然，各个家庭不同，对所见到的礼仪规范的优劣，各自的看法也不尽相同。染于苍则苍，染于黄则黄呀！家长重视教育，家风家教好，孩子也不会差到哪里去。

国有国法，家有家规。有些人法律意识淡薄，家里的规矩就更不放在眼里了。家规是一种约束，也是家风传承的一些具体措施。家教门风影响子子孙孙，应当重视。

我记得我家里的一些规矩，父母也讲过他们小时候的家风家教。当时家乡有族老，若家族中有大逆不道之人，全族之人会教育指正，族老会用严厉之法加以调教。

有句俗话说“一代亲，二代表，三代四代了”。亲人之间其实需要多走动、多沟通，让下一代之间有情感交流。若长辈之间不往来，下一辈自然就生分。其实，一些家族的族谱，有必要给今天的孩子看一看、讲一讲。族谱上的一些世系辈分标得清清楚楚，祖宗代系明明白白。我鼓励每个家庭带孩子画一棵亲情树，通过这样的方法让子女了解家族渊源，了解家族成员，讲述家庭故事，效果极好。

我也会教育我的孩子去了解家族成员的脉络，了解族谱。如我的外公家族，老外公有 5 个兄弟，成家立业后房房发达，15 个男性后代，都以“忠”字辈取名，忠正、忠书、忠章、忠强、忠清、忠培、忠直、忠积、忠儒、忠大、忠告、忠诚、忠心、忠选、忠义。其实，在家谱里按辈分取名，让后代一目了然看懂自己的祖辈和家族的传承，我认为这是很好的家族文化。

如何让子女理解家风，我觉得首先要认识亲情，了解家族。经常讲一讲祖先的故事，逐步了解家族、姓氏的繁衍生息，了解祖辈们感人至深的创业历程，认识到亲情在自己心目中的重要地位，从而让他们更加珍惜亲情。

我多次在家族中主持召开家风家教会议，请德高望重的长辈上坐，介绍我们先祖的人生经历，听到了一些十分珍贵的家风故事。

我的曾祖父是一名手艺人，是方圆几十里人们爱戴的石匠，当时附近乡镇的祠堂、桥梁、建房的石具、农田的石炕，都是他修建的。当时村里有48条石匠担子，大多都是他的徒弟。

家族会议中，各房的后代还回想起各家祖辈流传下来的故事。当时我爷爷最小的弟弟与我的伯父年纪相近，家里实在供不起两个孩子读书，只好决定每个孩子轮流读一天。这让今天有读书机会却不珍惜的后代汗颜。

家族成员讲述一些先祖故事后，又讲了一些现代家庭成员之间遇到的问题：在外的如何跟上时代，努力作为？在家的如何管理家庭，培养子女？遇到矛盾冲突如何解决？

祖辈留下了宝贵家训：勤俭持家，与人为善，不欺负人，走正路。

我讲述了康姓的渊源和全国分布情况，特别谈了康氏家族的宝贵家训：凡事要留有余地。

留有余，不尽之巧以还造化；留有余，不尽之禄以还朝廷；留有余，不尽之财以还百姓；留有余，不尽之福以还子孙。临事让人一步，自有余地；临财放宽一分，自有余味。不说满话，不做绝事。

不管是在外工作还是在家生活，都要走正道、做好人。遇到矛盾问题，各自都要有格局、讲境界，放下纠结。年轻人要学会调解家庭问题，及时化解矛盾。

志欲光前，惟是读书教子；

心存裕后，莫如勤俭持家。

我认为母亲在家风家教中起到的重要作用，应该被社会广为传颂。要鼓励女性在家庭中有所作为。社会应该给女性以包容。既要女人在家庭中担当重任，又要女性在社会上有所作为，显然对女人来说不够宽容。

在今天这个以奋斗为荣的时代，社会给了女性极大的舞台和展现自我的机会，也给了女性前所未有的压力。女性受教育的机会与男子平等，女性经济独立，女性思想发达。女性参与社会建设的比例提高，既要从事家庭工作，又要承担社会工作，这赋予女性新的社会考验。而家风家教建设已被提到重要地位：国家倡导、社会关注、家庭践行。

回想起我的成长经历，母亲的影响是巨大的。我们家庭家风的建立，母亲起到了至关重要的作用。她记得家族每个人的生日，也是家族亲人沟通的桥梁，更重要的是她对家庭的建设和引领。

当时家里经济困难，母亲的几个表姐妹邀请母亲南下务工，母亲舍不得我们，选择了清苦生活，陪伴我们学习，一直鼓励我们努力学习才能有所作为。事实证明，母亲的辛苦没有白费，我们几个孩子总算都读了点书。

推动摇篮的手也是推动世界的手，让女人承担社会建设的同时在家风建设上发挥更大的作用，从另一个层面来说，也是社会文明的进步。如果家庭建设抓好了，问题青少年减少了，社会不良现象也会大幅减少，这是相得益彰的事。当然，男人不能当“甩手掌柜”，不能认为管家只是女人的事。男人应该具备家庭教育的能力。

多子女家庭

我出生于多子女家庭，是家里的长女，家里有 4 个妹妹。当时的家庭教育模式，是父母管家庭生产劳动，家里最大的孩子要照顾年幼的孩子。给妹妹喂饭、洗澡、穿衣服，带她们玩游戏、上学，为她们辅导作业，我都干过。最烦恼的就是要处理她们之间的矛盾。

我记得小时候我家老二和老三曾经打架，相互揪对方的头发，闹得不可开交。两个人都哭，都痛，却都不放手。我是站在旁边当调解员，还是主持公道？我是用长姐的威严震慑，还是用姐姐的温柔来劝解她们？这很考验少年时期的我。我说："你们看看，爸爸妈妈都不管你们，随便你们打了。要是听我劝呢，我就来给你们两个说一说，看看是谁的错。要是不听我的呢，我也走啦。"这两人一见劝架的要走，自认没趣松开了手。我就开始了解事情的经过，各批评了一顿。

多子女家庭，往往存在孩子认为父母厚此薄彼的问题。一般来说，父母对头胎子女的确存在厚爱，对第一个孩子相对更重视。但很多朋友和我交流，说家里的老大本分，老二更精，因为老二一出生，就有老大来竞争，要考虑如何博得家人的欢喜、超越老大，老二更有心眼儿。如果家里有老三，那老二又是一个被忽视的角色。我的第一个妹妹出生后，我还时常有姐姐的待遇，妹妹也很受父母欢迎。而当我的第二个妹妹出生，显然老二就被冷落了。父母特别喜欢第三个孩子，可谓是他们的掌上明珠。

在教育的投入上，在精力和耐心的分配上，显然父母对我更关注。所以我的妹妹就经常抱怨说父母把好的基因和爱都给我了。记得有次我和妹妹吵架，我们打斗也很激烈，我一把将她推倒在一张小凳子上，导致她流血了。她当时疼痛难忍，我也吓得惊慌失措。虽然父母对我宠爱有加，但让妹妹受伤，父母肯定不会饶恕我。我赶紧给妹妹道歉，扶着她起来。后来父母对我严厉批评，但没有打我。妹妹很不满，说如果是她推了我，那肯定要挨揍的。我自然在心理上也觉得是有亏欠的。父母一般并不当面承认自己对某个子女的偏爱，但在情感付出上是很容易看出来的。

在我自己的育儿过程中，有时很为偏心的家长行为感到难堪。比如有一段时间，孩子的父亲过于信奉“女儿要富养，男孩要穷养”。他对女儿的过度消费和任性放任自流，在我发现他私自给女儿大额零用钱买化妆品后，我严厉指出这样的爱是有问题的，会助长孩子的奢侈享受之心。女儿却认为这是父亲对自己的爱，毫不认为这钱花得不应该。

而他对儿子的感情，有时近乎苛刻。他从不正面鼓励儿子，这让我实在看不下去，经常发生激烈冲突。一个家长，如果带了偏心，受宠溺的孩子会有恃无恐，受排挤的孩子会怨恨在心。好在随着儿子的长大，他逐步理解了父母的教育方式，也理解了父亲的良苦用心。父亲也意识到了自己的偏心，开始主动和儿子沟通。

子女之间的手足情深也是很让人感动的。我记得有次带儿女去爬山，一个同伴的孩子没有安全意识，随手向对面的石壁丢小石子，结果石子反弹回来正好砸在我儿子的额头上，顿时血流如注，吓得我胆战心惊，很害怕他有生命危险。此时儿子被人抱在怀里，要赶路下山去附近的医院处理伤口，我和女儿紧张地跟在后面跑。我已经双腿发软，被巨大的悲伤和恐惧袭击。那时女儿 9 岁，她懂事地扶着我走山路，还安慰弟弟："老弟，你别怕，一会儿就到医院了，等下我去给你买糖。"到了医院处理伤口后，女儿果真找我要了零花钱给弟弟买了棒棒糖来，说如果弟弟还知道糖是甜的，应该就没事儿。

很多家庭在决定要二胎、三胎时会征求老大的意见。有些孩子是不赞成父母再生育的，认为有人要来夺爱，也有的会很喜欢父母给自己添一个小伙伴，会有爱心地给以照顾。但此类事情，决定权应该在大人。要不要二胎、三胎，我认为孩子的意见只是参考而已。

多子女家庭在财产分配和父母赡养上，兄弟姐妹可以分享、分担。当然，随着家庭人口的增多和关系的复杂，容易爆发一些矛盾，这些都需要父母有一定的平衡智慧，需要处理好关系。

所有父母都希望自己的孩子友好相处。兄弟姐妹多的好处是，他们彼此了解、互相欣赏、可以取笑，能相伴玩耍，解除孤独，融洽情感。但对于某些孩子来说，好像烦恼与教训更多，因为总有人会被忽视，可能被排除在外，兄弟姐妹之间经常会发生冲突。

在多子女家庭，孩子们可能会相互打闹、取笑、竞争，父母如何教育子女?

有些家长会批评年纪大的孩子，要求他让着弟弟妹妹。我们家也是这样，但我女儿据理力争：“明明是弟弟的错，为什么要让他？”这就给呆板处理问题的大人一个有力的反击。

每个孩子都有自己的隐私权和财产权。我记得我的青少年时期没有自己的独立空间，我们几个孩子经常打闹，但学习用具、生活用品，我们有时不愿意他人动。可是在多子女家庭，这一点是很难做到的。即使有人冒犯，也能理解。

我观察儿女的日常生活，他们对于自己的个人物品就看得比较重，比较在乎个人感受，在乎自我拥有。这可能也是他们的父亲对他们的影响。孩子的父亲对于自己房间的管理可谓十分苛刻，一般不许可家人进入他的房间，不许可孩子动他房间的东西。女儿也经常不许可家人进入她的房间，不接受家人动她的一切物品。

多子女家庭，兄弟姐妹之间的竞争也经常存在。同胞兄弟姐妹通过玩耍、打架、争吵、分享、冒险、争论、戏弄等建立联系。我回想起我的原生家庭，我们几个姐妹就是在打打闹闹中长大的。父母经常要处理我们之间的冲突，虽然当时感觉到混乱和难以应对，但就是这样的大家庭生活方式，也告诉了孩子们生活的最初面目。

我又回想起当年我母亲的焦虑。她在繁忙的劳作中经常得不到休息，照顾孩子、料理家务、外出劳作，经常在召唤孩子时精疲力竭。我们虽然理解她的不易，但那时是控制不好自己的，心里想做一个心疼妈妈的乖乖女，但事实上也会幸灾乐祸：“谁让你生那么多孩子，累的就是你。”

后来我在养育过程中也听到女儿这样的抱怨，我就回想起自己当年的调皮。

没有一个家庭是完美的。在混乱的家庭生活中，孩子也可以学会爱的样子。

多子女家庭，父母的肢体语言也能暴露偏见。我的母亲对我是温和的，对其他孩子也同样喜爱。但我的父亲态度就不一样，他虽然也爱每一个孩子，但我感觉他和我说话的语气都是商量的口吻，他对我的尊重与启发，连我自己都感觉到了偏爱。

家长必须表现出不偏爱。但要做到这一点很难。我的小家庭中，孩子父亲对女儿也会特别偏爱。儿子经常问我："为何父亲更爱姐姐？是因为她更聪明、更可爱吗？"

多子女家庭需要注意的是，给每个孩子空间、尊重他们的隐私，孩子需要独处。进入其房间，孩子期望先敲门征得同意。也要许可孩子玩闹、打斗，过于严厉会让他们拘谨。家长要重视每个孩子不同的品质，在他们之间建立爱和信任，表达尊重和理解。要注意那些总是喜欢占上风的孩子。

让每个孩子都能找到优越感很重要。在我的家庭环境中，我让女儿感觉到她是家里的老大，要做好榜样，要关心家里人，要对弟弟有思想上的引导和学习上的帮助。对儿子，我则鼓励他，他是家族的希望，要勇于担当家庭责任，要学会和姐姐沟通，不能有歧视女性的言辞和行为。

儿子刚开始对父亲偏爱姐姐的行为非常不满，女儿则认为弟弟小，自己理所应当享受原来的宠爱。但在不断的教育影响下，他们开始交流，对于学业、校园、年轻人的文化、消费方式、娱乐生活等都有共同语言。他们也开始彼此欣赏，姐姐欣赏弟弟的机灵、反应快，弟弟欣赏姐姐学习上的执着、踏实。

私下赞美每个孩子是一种不错的教育方式，能让每个孩子都感受到他是父母心中重要的人，是家庭中特别的一分子。要理解每个孩子存在的差异，不能用一个标准衡量自己的孩子。每个孩子都希望从父母那里听到积极的、鼓励的话语。

我的原生家庭孩子多，直到我和妹妹们成家立业，我们还经常在一起谈天说地，偶尔也会讨论妈妈给谁的爱更多。说是手心手背都是肉，看来还是不一样。或许，能够完全贴近父母之心的孩子也很难得。

自从父母回家乡后，我每到假日分身乏术，照顾了小家顾不上老人，陪伴了老人又顾不上孩子。父母偶尔不开心，我家老二会照顾他们的心情，哄他们开心。

我笑笑说，父是亲爹，母是亲娘，何必纠结谁爱谁更多呢?

再婚家庭

家庭教育是个综合学科，家庭环境呈现出不同的形态，所以家庭教育相对而言也比较复杂。当今社会变化，家庭结构不如以前稳定，离婚率居高不下。离异家庭、再婚家庭的家庭教育更需要认真应对。

再婚，从古至今都是需要谨慎考虑的问题，特别是涉及非亲生子女的抚养照顾等诸多细节，考验再婚父母的能力。再婚父母面对多子女家庭，很难做到子女各个满意。

古时候一些再婚家庭，一旦父亲去世，诉讼之事往往充满衙门，诽谤辱骂的话在路上都能听到。前妻之子污蔑后母是小妾，后母之子贬斥前妻之子为佣仆……

我见过一个案例，汤老先生早年第一次婚姻育有两个孩子，离婚后各带一个。第二次婚姻，女方带来一个孩子，他们再婚后生育了四个孩子。第二任妻子不幸因病早逝，他娶了第三任妻子，女方带来三个孩子。这个多次组合的大家庭，很难真正统一思想。不同父母生育的子女各有成见。汤老先生去世后，因为字画家产等闹得沸沸扬扬。

当然，现代再婚家庭中，也有不少女性对前妻所生子女视如己出。有的男性再婚时可能会隐瞒前情，结婚后再告知后妻前段婚姻子女情况，后妻仍能做到公正抚养，确实难得。

同父异母或同母异父的组合家庭中，子女之间的关系也更复杂一些。20 多年前曾与一位年轻朋友偶遇，他谈起他的家庭哭笑不得。他有个兄弟，母亲去世后父亲再娶，后母又带来两个儿子。不同的家庭背景下成长的孩子，两两阵营对仗，每天上演家庭战争，父母常常为此苦恼不已。他说用鸡飞狗跳形容家庭生活一点儿都不为过。

现实生活可能有诸多无奈，导致婚姻无法继续维持，但再婚要慎重。当然，现代生活不提倡守寡或守鳏，这对于生命质量和生活照顾都是不近人情的苛责，但再婚家庭对子女的关注和家庭教育的重视，应当是再婚生活的重要内容。

子女结婚后，他们亲近的人是他们父母的投射。有的男人很少在家，在家的时候假装亲密。婚姻中的亲密障碍会给人带来精神创伤。再婚家庭的子女教育显然需要迈过更多的心理门槛。

当然，随着人们对生活质量的追求和对情感要求的提高，再婚是不可回避的现实问题。建议再婚父母注意家庭关系处理办法和家庭教育技巧。亲生非亲生一视同仁，要做到这一点需要有足够的胸怀和智慧，要有包容之心和长远眼光。

尊重非亲生子女的生活习惯。非亲生子女来自不同的家庭环境，可能带着你不喜欢的生活习惯，但只要不是原则性问题，要给予适当的尊重。这既是双方保持良好关系的基础，也是获得对方对新任家长尊重的办法。

避免正面冲突。在管教非亲生子女时要注意技巧，能达到良好沟通效果的可以做，如果可能激发矛盾的要综合考虑。最好由亲生家长来传递信息。有位女士和我谈起，她的丈夫与前妻有个儿子，他们结婚时并没有提过。后来前妻再婚，儿子交给父亲抚养。带回家后，女士发现孩子有不少坏习惯——脏袜子乱丢，鞋子臭气熏天，衣服不及时清洗，这些与18岁的年纪所具备的能力完全不符合。她说了几次没有效果，反而被孩子认为她只喜欢自己生的孩子，要赶他出去。她犹豫再三，认真和丈夫谈了一次。以后此类情况都由丈夫来监管，孩子也逐步意识到了自己的问题。当他改口喊“妈妈”的时候，她也终于接受了这个非亲生儿子。

再婚家庭教育，非常考验父母智慧，生活中，好些家长都面临现实的考验。如果没有一定的处理能力，往往给祖辈带来离婚家庭孙子女的抚养压力。纯粹隔代抚养的孩子，在心理上多少会有一些脆弱。

第

3

章

困惑之门

开篇语

父母和子女同行的路上，会看见光，看见希望，但也会遭遇困惑之门。到底会遇到哪些问题呢？

家长会渴望子女超越自我，希望孩子站在金字塔塔尖，家长可能会用自己的社会经验、实用办法来教育子女。社会竞争激烈、压力大，有的家长担心子女做一个真实的人会吃亏。

每一个家庭，就是一个万花筒。

在这里，家长有家长的困惑，子女有子女的烦忧。现实生活中很容易迷失方向，比如：有些家长在束手无策时会选择暴力的方式；有些家长受自身性格缺陷或特殊环境影响，会有偏执倾向；有些家长面对孩子的错误会陷入不断的纠结和抱怨，难以理解和宽恕；还有家庭中的性教育，常常让家长难以启齿。

家庭成员间可能会产生情感上的虐待，造成精神上的创伤。家庭不仅仅产生温暖和支持，也产生伤害和抱怨。

在当今时代，仁义还有没有用？家庭是培养精致的利己主义者，还是培养仰望星空、脚踏实地的具有家国情怀的人？家长的困惑是什么？如何打开家庭教育路上的困惑之门？

你要孩子去金字塔塔尖吗

父母使出浑身的力量，想给孩子最好的生活，期望子女成为人上人，能站在金字塔塔尖。很多家长并不愿意接受他们的孩子终将平凡这一事实。有些家长期望值很高，把自己没有实现的理想寄托在下一代身上。

北京大学毕业季曾邀请科学家饶毅教授寄语学生，《做自己尊重的人》篇幅不长，却饱含人生哲理，以下是一些摘录。

不敢祝愿每一位毕业生都成功、都幸福，因为历史不幸地记载着有人的成功代价是丧失良知，有人的幸福代价是损害他人。过去、现在、将来，能完全知道个人行为和思想的只有自己。自我尊重是重要的正道。在你们加入社会后看到各种离奇的现象，知道自己更多的弱点和缺陷，可能还遇到小难大灾后，如何在诱惑和艰难中保持人性的尊严，赢得自己的尊重，并非易事，却很值得。这不是自恋、自大、自负、自夸、自欺、自闭、自怜，而是自信、自豪、自量、自知、自

省、自赎、自勉、自强。自尊支撑自由的精神、自主的工作、自在的生活。

父母面对养育都需要付出，没有不劳而获的成果。我们和孩子度过的关系最密切的几年，很容易把我们的个人情感传递给孩子。我们浑身都是力量和尊严，期待下一代有出息。虽然每个人都不是完美的家长，但每天都是新的。

我们要接受一个现实：我们终将平凡。

我们要树立一个信心：普通人过好自己的生活，也是一种人生成功。

不要指望每个孩子都去金字塔塔尖。有了这样的心态，家庭教育中的焦虑情绪会有所缓解。

经常听到家长聊天，说当父母不容易，从怀孕到生育、从孩子上幼儿园到上大学，总在战斗的状态。这不是一个人的战斗，这是全家人的战斗。这不仅是体力上的劳累，更是一场心理上的马拉松，也是经济上的长期固定投资。育儿的喜乐烦忧不必多说。养育子女的方法，各家有各家的经验，有的放之四海而皆准，有的就得具体情况具体分析。

但有一个普遍现象，一些家长有严重的育儿焦虑。初为人母，新手爸妈其实都是大姑娘上轿——头一回。他们想尝试独立当家长，也愿意听一听过来人的经验，但又觉得家中长辈的有些观念和习惯落伍，跟不上时代要求。所以，不少家长愿意买育儿书籍来看，自学成才。

但在实际操作过程中，却遇到不少难题，育儿书籍也不是万能的。而一千个孩子好似一千个哈姆雷特，哪是一本书可以搞定的事情呢？再说，每个孩子的发育和思想成熟的过程也不一样，哪位专家能指导孩子的一生呢？这一路都得靠家长自我学习、自己摸索，了解孩子的性格，形成良好的家庭教育环境。

时间一长，我也发现自己在家庭教育上出现过偏差。当时我经常抱怨，现在反思起来，真的不要怪孩子，那是我们身为家长自己修炼不到位，过于焦虑，拔苗助长了。

我家女儿四五岁的时候，我很想培养她去跳舞。我自己没有什么舞蹈天赋，又无艺术气质，于是就想“重金打造”一颗艺术新星，一个人见人爱的窈窕淑女。我征求她意见：“想跳舞吗？”女儿说：“想。”待我兴冲冲帮她去青少年活动中心报好舞蹈班，她上了一节课就有些不想去了。其他小朋友在那儿压腿练习，她在那儿哭。坚持了3天，怎么劝她都不再去舞蹈室，我只能宣告我的计划失败。

待女儿大一些，6岁了，我想她应该能克服畏难的情绪，可以跳舞了。我再次征求她的意见，她也同意再次尝试。报完名后，这次学了5天，总是哭得稀里哗啦的。我火冒三丈将她一顿批评：“为什么别的小朋友都能压腿，你就不能？”

“太疼了妈妈，我真的不喜欢！”

“那你就是偷懒、吃不了苦的孩子，以后怎么干大事！”

“我就是不喜欢跳舞，呜呜呜……”

束手无策的我觉得好没面子，拉起她赶紧逃离舞蹈室。我好似一个教育失败的妈妈，觉得在那些轻灵起舞的女孩面前，我的女儿简直就是个笑话，连压腿这样基本的动作都做不了。我满脸通红地向老师道歉，表示放弃。

舞蹈不行，咱们换战场。于是，女儿开始学古筝,《高山流水》《十面埋伏》《战台风》……一曲一曲，考到9级。偶尔学校有节目表演，她还能上去露一手。

回想起那些焦虑的日子，我开始反思自己在家庭教育上的得失。但当时的我并不这样自知。现在，当我看到一些家长拉着孩子奔波在各个兴趣班学这个学那个时，我常会劝说："别把孩子逼那么苦，找一两个孩子真正喜欢的特长就行了。"

我们所希望的优秀，都会牺牲孩子更多的东西来获取。其实，让孩子宁静地享受成长的美好、细细品味亲情的温暖、自觉自发地去爱上一项活动，比我们不断的逼迫、强硬的催促、捆绑式的爱护、吓唬般的哄骗效果要好。

放下你的焦虑，别把孩子早早地送到所谓的竞争的快车道去。生活即成长。

我认为，家庭教育最重要的是放下焦虑，培养孩子健全人格，帮助子女养成好性格。因为性格决定命运。

家庭教育的宗旨是以德育人。家校协同的目的也是希望将校园教育、家庭教育、社会教育有机结合，帮助下一代养成良好的行为习惯和健全人格。健全人格是培养良好性格的基础。这也是决定人生命运的重要因素。

试想一个拥有过分偏激、心理阴暗的性格特征的人，如何融入社会？近年发生的一些极端社会案例，也警示家庭教育的重要性和孩子的性格培养不容忽视。

养育孩子是最难的工作。没有父母是完美的。

著名儿科专家鲍秀兰教授研究显示，早期干预能显著促进婴幼儿健全人格发展，早期综合干预有利于家庭养育环境的改善，对婴幼儿气质有影响。

儿童心理行为和社会适应问题一旦形成，纠正起来是很困难的。行为问题与许多疾病一样，重在预防。父母在养育中培养子女良好的行为习惯，为健全人格发展趋向打好基础是有效可行的。

性格决定命运，为人父母者都期望子女青出于蓝而胜于蓝。但在父母身上遗留下来的生活习惯和性格影响是与生俱来的。更多时候，子女在未成年时期都是接受家长教育，接受潜移默化的影响，只有当自我觉醒和人格逐步建立后，才会清醒认识到自己与父母之间的差异，也会通过父母这面镜子来修正自己。

性格的培养是需要父母付出情感的。比如我们的孩子，在婴幼儿时期得到家人的悉心呵护，得到的是喜爱、肯定、支持。“欢迎你来到这个世界”“我很高兴你能来”“我不会离开你”“我想照顾你”“我们都很爱你”“我喜欢和你在一起”“我们会陪你一起长大”，这些都是能给孩子传递喜悦和信心。每个人其实都可以体验一下看护者的角色，这样能感受到自己对于别人的意义，成为别人的支持系统。

孩子周围有欢迎他的、平和的、温暖的声音，这样孩子也能有积极的回音。这种力量构成希望，而希望就能帮助孩子养成好性格。

在家庭里，温和的回答消除愤怒，刺耳的语言激起愤怒。如果孩子在家庭中受到伤害，可能会造成成长障碍。任何来自不健全家庭的孩子都会感到情感剥夺和被遗弃。情感上被遗弃的反应是一种羞耻感，孩子会产生原始的愤怒和根深蒂固的受害感。为了生存，孩子主要的自我防御开始起作用：渴望，想被爱，想成为一名重要的人，想与他人建立联系。也有的孩子希望与世隔绝，摆脱家庭的痛苦，这都不利于他们的成长。

你是否经常需要被拥抱或爱抚？你是否觉得人们并不欢迎你？你是否有一种持续且执着的被重视和尊重的需求？

你觉得信任别人很难吗？你必须时刻掌控一切吗？你经常对别人尖酸刻薄吗？

你是否将自己孤立起来，很多时候一个人待着？

在功能失调的家庭中成长的孩子不被回应、不被看到，没有健康的模型来证明和表达感情，会因为表达感情而感到羞愧或被惩罚。在孩子早期的创伤记忆中，情绪越早被抑制，伤害就越深。他们的情绪里会有更多震惊、愤怒、伤害、悔恨等。

只要理解了我们教育子女的目的是培养正常的人，而不是培养天才，不是培养超出想象的巨人，我们就能找到教育的正确办法。

教育根本的目的是让人成为一个真正的人。一个人如果通过教育拥有渊博知识，但是连最基本的人的品质都缺乏，那么教育就是失败的。只有学会了做人，才能俯仰无愧于天地，问心无愧，也对社会有用。

学做真人，我觉得最重要的是真诚。保持赤诚之心，保持本色之态。

电影《无问西东》中说，什么是真实？就是你做什么，和谁在一起，你看到什么、听到什么，有一种从心灵深处满溢的不懊悔也不羞耻的平和与喜悦。

现代社会要教人求真，家长好似总有些担心孩子将来适应不了社会环境，因为保持真实会遇到挑战。

“君看随阳雁，各有稻粱谋。”如果你身边的人各有自私自利的打算，你要保证自己的真实有多么艰难！但古往今来，纵观人生百态，真实的人生活更自在。

“千载后，百篇存，更无一字不清真。”这就是真实的力量。

你渴望你的子女站在金字塔塔尖吗？真正能够站在塔尖的有几人？不如教育你的孩子，去做一个真实的人。

粗暴教育方式不可取

你小时候被父母打过吗？你还记得当时的感受吗？身为父母，你打过你的孩子吗？你是不是还会时常在孩子面前念叨“几天不收拾你，是不是皮痒了”？

别看这时代变化快，家庭教育却还停留在老一套的家庭并不少。有些家长以暴力制服子女，动不动拳头相向。有些家长面对孩子的青春期叛逆，束手无策，只能采取极端办法。更有家长无视法律和为人父母的基本道德，虐待儿童。

某地警方曾通报过一起家长虐打4岁女童的案件，细节令人发指，两名家长犯罪嫌疑人必将受到法律严厉制裁。相关报道提到，孩子被家暴时邻里也听到过，但很多人仍然觉得“打孩子是人家的家务事，多一事不如少一事”，不去及时报案，这也在一定程度上造成我们对未成年人的保护存在真空地带。

看着孩子遍体鳞伤，我愤怒。

“不听话就打”，这是不少家长的粗暴教育方式，也是不少家长逃避自我责任，把问题推到孩子身上的无能教育。近些年来对家庭教育现象的观察和研究，让我为此深深忧虑。对于一些素质不高、暴力成习惯的家长来说，他们认为对孩子实施体罚是“天经地义”的，也是自己家里的家务事，他人无权干涉。认为打就能让孩子听话的家长不计其数。

在一些经常使用暴力的家长看来，对于不听话的孩子有必要实行惩罚，但他们却不懂惩罚孩子的技巧和沟通的方式，往往存在越暴力越反抗、越暴力越顶撞的情况。家长为了自己的面子，常常大打出手。我就见过这样一位男性家长，脾气暴躁、毫无耐心，只要他的儿子不顺从，就暴力制服。而他的孩子长期受此暴力影响，长大后又对家人施加暴力。

为什么社会进步了，家庭教育还停留在基础阶段，还在依靠原始的暴力手段解决问题呢？我认为根本的原因在于家长教育观念的落后。孩子接收信息的环境丰富，家长所受到的对于父母角色的教育影响却比较少。特别在广大经济不发达地区，在素质不高的家长群体中，殴打孩子屡见不鲜。还有一个原因就是沟通过少。家长忙于生计，子女也是上学忙。大部分家长每天和孩子交流的时间不到1小时，基本上只能在饭桌上交流。其实，孩子在放松的环境中，如散步时或和家人一起活动时，更容易说出心里话，也能让孩子和家长的心联系得更紧密。

暴力有什么恶果呢？

最显而易见的就是给孩子带来严重创伤。身体上的伤害和心理上的伤害，都会严重影响孩子的成长和发展，更会使他们产生心理阴影。

一般人多认为，孩子打几下没事，因为我们的传统教育规则就是“打是亲、骂是近，不打不骂是远人”，一味强调打的效果，而忽视了孩子身心受到的重创。体罚和暴力会影响孩子的智力发展，美国有研究发现，从来没有挨过打或极少挨打的孩子，在智力测验中的表现要比常挨打的孩子好得多。在5岁至9岁年龄组中，常挨打者的平均成绩比不挨打的孩子低2.8分。另有研究结果显示，长期生活在体罚环境中，儿童的情商会受到负面影响。打骂教育的确有“管理速效”，却抹杀了孩子的远景发展能力、快乐发展能力，虽然见效快，却是一种杀鸡取卵的教育短视。这种经由实验性数据得出的结论，应该得到家长的广泛认同：体罚是“害”，而绝对不是“爱”，不能再继续下去了。

暴力教育会让孩子非常没有安全感。受过体罚的孩子，在以后的生活中，总觉得自己会受伤，不是家庭的一员，不会被疼爱，因为害怕所以逃避，与父母的关系逐渐生疏。如果在学校受过暴力伤害，孩子就会产生厌学现象。有的孩子甚至会寻求社会保护，过早流入社会。如果受社会不良人士唆使，甚至会走上违法犯罪的道路。

暴力教育会让孩子的性格变得有暴力倾向。虽然平时看不出来，但是经过长时间压迫，到了临界点他就会奋起反抗，然后情绪崩溃，大打出手。存在家暴的家庭会有“遗传性”，他们认为解决问题的方式就是打，也很容易引发家庭悲剧和社会问题。

暴力教育会让孩子没有自信。与那些家庭和睦的家庭对比，家暴中的孩子性格会更懦弱，没有自信，做什么事情都不会自己去争取。

因为没有人做他们的后盾，没有人鼓励他们，随着他自己的成长，如果不能做出良好的心理调整，会造成一系列恶性循环。这也是当前社会风气恶化，一些恶性事件频繁发生的原因之一。

家庭教育是专业行为。有些家长由于认知有限，曾将棍棒当作“教育神器”。可今天，各种教育成果和理念已得到开拓性发展，早该对家庭暴力进行法律约束和社会警示。《中华人民共和国未成年人保护法》规定：“学校、幼儿园、托儿所的教职员工应当尊重未成年人的人格尊严，不得对未成年人实施体罚、变相体罚或者其他侮辱人格尊严的行为。”家长作为孩子的第一责任人，更不能将教育建立在违法乱纪的基础上，只有教育行为合法、合情，家庭教育才会有效果。

美国等国家对于暴力教子实施了强制报告和救护制度，还开设了接听儿童遭受家庭暴力投诉的热线电话，由儿童保护部门的专门接线人员负责接听投诉热线。以孩子最佳、最大利益为最高原则，受过专门训练的工作人员接受家庭体罚的举报，对举报进行初步评估，判断举报是否有效、调查是否必要，警察或社会工作者及时干预家庭体罚，法庭针对体罚者做出判决、针对孩子提供服务，政府提供家庭危机干预及社区干预两方面的服务。社会已经形成浓郁的保护和爱护孩子的氛围，有“不打小孩日”之类的节日。

如果我们的家庭教育观念仍然停留在传统阶段，不汲取先进经验，不走出暴力教育等思想误区，不进行实事求是的“观念补短”，家长不进行系统学习，懵里懵懂就为人父母，这样怎么能培养出有希望的下一代呢?

在家庭教育中，如果孩子不听话，惩罚有什么技巧呢?

对于幼儿来说，当他做错时可以适当地拍拍小屁股、打打小手，告诫他这样做是错误的。随着年龄增长，孩子的自尊心和认知能力不断增强，要尽量跟他讲道理。惩罚孩子要注意场合，不可在亲戚朋友面前或公共场所惩罚孩子，当众不留情面会伤害孩子的自尊心，如果孩子当众顶撞，父母也会很没有面子。当家长看到孩子犯错时，要善于控制自己的情绪，保持冷静，切勿急于打骂孩子，因为一顿暴打不仅会伤害孩子，对家长的身心也会造成伤害。不少家长情急之时对孩子的体罚往往会造成难以估计的严重后果，所以，惩罚孩子之前一定要三思而后行。

家长如果不学习，不深刻认识到家长角色对子女的影响，在社会高速发展的当下，依然用粗暴的家庭教育办法教育子女，这不仅仅是子女的悲哀，更是社会的落后。

一些家暴者多疑、不信任他人、敏感、嫉妒、容易发怒、心怀怨恨、非常自负。这些人平时会有一些反常的行为，如对人冷淡、缺乏温暖体贴、表情淡漠、多单独活动、很少有亲密友人，也有的行为反常、言语怪异，但有些人程度较轻，不容易被人察觉。

联想起多年前很火的一部电视剧《不要和陌生人说话》，这种夫妻关系其实很典型。男人控制欲强，限制女人正常社交和自由，稍有不从便拳脚相加。男人家暴后求和，女人心软难以割舍感情，两人之间就陷入恶性循环，好了打、打了好、好了再打。

我多年前认识的一个朋友，被丈夫在卫生间家暴后，伤痕累累来到单位，同事们都不相信她的丈夫会这样对待她。在他们眼里，男人五官端正、儒雅风流、彬彬有礼，是典型的好男人，怎么会如此暴力呢？当然，有些人会把在原生家庭遭受的暴力、冷漠、自私带到自己的人生路上，在不同的环境中，他逐步感受到排挤和寂寞，显得格格不入，于是变得自负、反社会。

出现这种情况，要尽早干预帮助。

家人为何成仇人

美国曾有过这样一项实验，对 3346 名美国父母进行全国代表性样本分析，结果 63% 的人报告了一次或多次口头攻击事件。

在家庭环境中，言语暴力是更为常见的。家长和子女之间通过言语表达的愤怒往往更为直接，在情绪交锋中，也更容易导致不可控的行为发生。

我在多次调研采访中发现，家庭悲剧往往来自言语暴力，由口角冲突直接引发肢体冲突，最后导致恶性结果。比如有的家庭发生剧烈争端，家庭成员用强烈的方式来还击——结束自己的生命。

家人为何变成了仇人？有些是非语言暴力的潜移默化。有些性格偏执的家庭成员，不愿意或不懂得如何与家人沟通，通常通过一些动作和行为来表达自己的愤怒，比如，摔门、毁掉某些东西，又或者通过孤立、忽视、冷战等方式对他人造成精神伤害。这样的行为发生在夫妻冲突中，有些家庭的夫妻经常用这样的方式来处理家庭矛盾。这也是一些家长喜欢采取的办法，认为这样能让孩子认识到自己的错误，能维护自己的权威。和这样的人相处，家人之间会变得小心翼翼，因为你并不知道自己做错了什么，只能靠猜测，也不敢多问。这样紧张的家庭关系，迟早要爆发问题。

你的家庭成员中有性格偏执的吗？如何帮助他们走出心理误区？偏执的人一般很少承认自己心理有问题。身为家长，请一定要注意自己的心理，避免陷入偏执。

经常提醒自己不要陷入“敌对心理”的旋涡中。事先自我提醒和警告，待人处事时注意纠正，这样会明显减轻敌意心理和强烈的情绪反应。

只有尊重别人，才能得到别人尊重。要学会对那些帮助过你的人说感谢的话，而不要不疼不痒地说一声“谢谢”，更不能不理不睬。

要学会向你认识的所有人微笑。可能开始时你很不习惯，做得不自然，但一定要尝试这样做，而且努力去做好。要在生活中学会忍让和有耐心。

适应环境，不敌视周围环境。你的亲人、你的朋友、你的同事，没有那么多居心不良的人，请你理智、正确地处理家庭关系和社会关系。

如何避免将子女带入偏执？

家长设定界限来塑造性格，教育、指导、培训都是好主意。现实中，纪律也不是爱的对立面。不同家长的教育方式，会对孩子性格形成不同的影响。

权威型父母，可能担心自己不够友善或控制欲太强，导致孩子变得容易愤怒。独裁型的家长相对来说教育方式死板、霸道，自己设定规则，不听取孩子观点，不尊重家人的意见。温和型的家长有时则驾驭不了孩子，容易被孩子钻空子。

父母的思维方式影响子女的性格形成，在子女平时的行为习惯中，要注意观察他的情绪表达方式，观察他的脾气，观察他对愤怒的处理办法。

孩子脾气爆发时，要理解这是正常行为，一旦发脾气结束，不要过多关注，否则会鼓励孩子发脾气。遇到脾气暴躁的孩子，要果断处理不良行为，或者提前通知，发出警告，找到正确的惩罚方式。

独裁的家长、过于严厉的家长容易让孩子有挫败感，没有认同感的孩子，有时会在成长的路上迷失。家长需要花点时间想想，如何做有助于培养孩子的责任感。

偏执的产生绝对不是偶然因素，家庭环境对于个性形成起到重要作用。任何家长都不愿意看到子女性格的偏执，而在个性的培养上就要真切关注。

性教育羞答答

中国人是含蓄的，一说到性就感到羞涩。我们的父母也是如此，很少和我们谈性教育。

我仍然记得我初潮来时如临大敌，腹部疼痛，在床上打滚，母亲却没有半个字的提醒。她忙碌得根本无暇顾及我的痛苦，虽然知道我痛，但根本不知道如何安慰我。夏天的暑假如此漫长，几天的痛不欲生让我感觉到生命的不可控。

直到看到初潮，我才隐约意识到自己正经历着一场青春的重生。启蒙我的是我的一个初中同学，她有个姐姐曾经告诉过她相关事宜。母亲见到我的变化，才明白家里没有任何准备。这对当时离街道超市还有十多里路的我们来说，可是严峻的考验。当然，或许每个母亲都是这样的，不会早早地等着女儿的初潮来临，但可以看到，那一代父母对子女基本的生理教育是羞于启齿的。

在我情窦初开的时候，母亲只是经常提醒一句话："女孩子要学会保护自己。"这句话常常像紧箍咒一样，提醒我和异性保持距离，我也常思考其深层的意义。

而当我成为中年母亲教育我的孩子时，我却可以从人性的角度，从我对异性的观察、理解，与子女探讨两性关系。

我面对成年的女儿可以大方探讨，但面对青春期的儿子还是小心翼翼，感觉还是由父亲或其他男性角色来完成对他的性教育比较好。

我连续收到好几位家长的提问，都说孩子在使用电脑或手机时，浏览了成人视频。家长很痛心，不知从何说起，感觉天要塌下来了。

还有的家长惊慌失措地说，夫妻“恩爱”的时候，正好被孩子看见了。他们好几天在孩子面前抬不起头来，羞愧难当，不知如何是好。

家长普遍认为性的事情是不适合公开讨论的，是羞耻之事，而面对孩子的好奇，实在无法开口。如何化解尴尬呢？

不要回避，你越回避孩子越好奇。

孩子看到成人视频，或者看到父母隐私生活场景，家长的脸上肯定有些挂不住，会生气、羞涩、不好意思，这些情绪都很正常。但不要回避，要积极化解。比如小孩子会问，我们能做这样的游戏吗？大人如果支支吾吾，那很容易让孩子更迷茫。要对孩子进行心理疏导，其实可以进行适当性教育。要明确告诉孩子，这是像爸爸妈妈一样的大人结婚以后才能做的事情。

要对孩子的行为进行规范。当今社会，孩子接触电子产品的时间多，大人要做好时间安排和行为监督，开启青少年保护模式，尽可能避免孩子浏览色情网站和成人内容。要给孩子制订一些规则，告诉他网络上有些东西不能打开，看到不合适的内容要关闭。小朋友对异性朋友不能表现得过于亲密，要注意分寸。

对于孩子好奇的问题，家长可以从身体健康上谈谈。就是只有孩子长大了、结婚了，才能进行这样的游戏，否则，会对孩子，尤其是女孩造成伤害。另外，因为这是大人结婚以后才能做的事情，没结婚之前做，很可能会带来一些烦恼。比如，如果没有结婚，万一有了宝宝，那宝宝可能没有爸爸，很孤单，没有爸爸的保护，也会遇到危险。

女孩相对来说对父亲会很依恋。有些父亲对女儿格外宠爱，会给女儿洗澡、换衣服、讲故事等。这样对于亲子关系建立的确很有帮助，但同时要注意好分寸和尺度。比如女孩懂事了，就不能再和父亲睡在一起，也不要和父母睡在一张床上，最好安排独立的房间和床。

母亲和儿子之间也如此，切不可过于随意。

在家庭环境中，夫妻生活要尽可能避免让孩子看见，做好时间、地点安排。

对于大一点的孩子，比如青春期或即将成年的孩子，在这个问题上，完全可以开诚布公地对话。父亲可以问问儿子的生理变化，母亲可以关心女儿的生理规律，做一些性别辅导。单亲家庭可以请家族长辈对孩子进行生活辅导。

如果家长实在难以启齿，可以用书信的方式来解决。

青春悸动很正常，但切莫走入歧途。特别是女孩，要有正确的性观念，要注意自我保护。也要告诉孩子分辨男性的好感和喜欢，避免冲动。网络上乱七八糟的东西，要注意分辨，要控制自己，要主动进行自我管理。

18 岁成年，并不意味可以开启性生活，还是要等到学业完成，身体和心理成熟了，才能对自己和他人负责。

我们的孩子所处的环境，信息是十分丰富的，如何帮助他们正确面对性、理解性行为，这需要家长有一定的意识和智慧。性是相互关系的深入，是建立牢固、亲密关系的认可，也是深刻的情感、心理甚至精神的结合。反之，如果彼此发生性关系后分手，可能会给双方留下难以愈合的情感伤口。家长都希望自己的孩子不受伤，也希望孩子不要用这样的方式去伤害别人。

我的儿子在小学阶段，有段时间很排斥异性，不愿意和女生交往，而到了青春期，则开始对女生表示肯定。这就是一种进步和成长。

性对于青春期的孩子来说很神秘，可能想试探，但要教育他们了解自己的身体，性要在信任和了解的基础上发展。青春期时情感、心理并不成熟，对社会的理解也还处于初级阶段，过早的性行为不利于人生发展。

我认识的一个女孩，15 岁时和一个大龄社会青年恋爱，分手后发现怀孕，女孩遭受了身体的创伤。后来情感不顺利，30 多岁一直未婚。

一位妇产科主任告诉我，每次在医院看到一些多次流产的未婚女青年，真的很担忧她们将来在婚姻中的生育问题。将性行为留到婚姻中，也是对自己负责任的行为。延迟满足是成熟的标志，学会等待、尊重自我也更有价值。

青春期子女要了解自己的身体变化，知道如何在异性面前表现得体，对自己的性别气质感到舒适，避免不恰当的性语言等。

家长尽早做一些教育渗透，让他们有健康的界限，可以和异性自然相处。家长也要以身作则，为孩子树立忠诚的榜样。

性教育，是家庭教育的必修课。家长在子女的性教育中，怎么教、教什么、如何教，都需要尽早备课。

不要羞于启齿，在如今信息量巨大的网络时代，家长完全可以与孩子坦诚相见。

关注家庭抑郁

我们建立家庭的目的是要被接受，家庭里有爱的语言，孩子也能用爱去影响别人。家庭让我们学会表达爱和情感，家庭能给予我们安慰。家庭鼓励良好行为，帮助孩子培养好性格，鼓励我们正确的价值观、赞扬我们取得的成就。

家是温馨的港湾，是属于我们自己的地方，在这里可以得到安慰、支持、建议或帮助。我们都需要伪装，可以放松，可以快乐，在这里找到平衡。

作为父母，可能很容易和别人比较，但我们每个人都必须用自己的方式做父母。

家庭氛围营造十分重要，有良好的家庭氛围营造能力的人，能够建设轻松愉悦的家庭氛围。笑和幽默能消除紧张，自嘲、戏弄也可以是表达感情的方式。相对来说，在家庭中得到足够重视的孩子，也更有自信，自信能贯穿整个人生。

但家长的话语也有碾碎的力量，一些尖酸刻薄、歧视的语言对于孩子的心灵伤害是巨大的。父母每发表一条批评性评论，孩子需要多项正面评论来抵消其影响。

每个人的家庭生活也不得不承受各种压力。在日常生活中，家庭会面临各种考验，威胁主要来自经济期望、破裂的关系和时间压力。

社会让我们相信金钱、努力工作和购买消费品可以解决很多问题。但孩子的诸多问题，不会因为你购买了电子产品而得到解决，谁来照看孩子的问题不会消失。如果家庭成员出现情绪问题，你认为健康的家庭生活最重要的是什么？你在养育子女方面需要做出什么改变？你给孩子树立的最重要的价值观是什么？你用什么办法改善你和孩子的关系？……

家庭中的抑郁从何而来？很多情况都是语言暴力成为压垮人的最后一根稻草。就如一个孕妇，需要的正是丈夫体贴入微的呵护，但现实的情况是丈夫常常不在现场。当她向男人倾诉的时候，得到的不是温暖的解释和安慰，而是刀子般的语言："你有病吧？你不知道我很忙？"

生活中有不少这样的实例。不少对婚姻绝望的女人说，男人体会不到女人的内心，不能和自己感同身受，这是二人之间巨大的鸿沟。而最需要男人与自己在一起应对生活艰难的时候，男人不在现场，这是女人最无助的时候。

产后抑郁症也是如此。如果刚做妈妈的心理准备不够充分，还要面对复杂的家庭关系，遇到问题难以化解，有些丈夫的表现往往会将妻子推入无尽的深渊，让她孤立无援。我就曾接到过不少新手妈妈的求助。

有些被长期辱骂或责备的抑郁症患者，咽泪装欢，还要微笑面对生活，但怎么也摆脱不了家人对自己的伤害。给他伤害的家人，反而会认为他心胸狭隘，小题大做。

抑郁情绪，是抑郁症的先兆。

根据数据统计，我国 17 岁以下青少年中，约有 3000 万人受到各种情绪障碍和行为问题困扰，并呈逐年上升趋势。青少年抑郁症的产生，我认为大多数和家庭环境有关。如果父母多给予温暖的关爱和语言上的安抚，减少排斥性话语和伤害性语言的输出，孩子的不良情绪会得到调整。

当然，抑郁症并不都是被骂出来的，其产生的原因很多，有社会压力、有家庭环境影响等。

“你神经病”这样的骂人方式，从侧面反映了社会形态。出口脏话、张嘴骂人，其实这样口无遮拦，不但伤害他人，更是轻贱自己，也有辱祖德。这要么是个人修养不够，要么是“社会巨婴”，他不明白自己对别人造成的伤害有多深。

我常听到一些夫妻彼此抱怨的话语，他们之间有一些心结，好似很久都没办法解开。夫妻之间其实也看到了问题所在，但就是谁都不愿意好好说话。

现代社会的竞争压力，让人们在自我意识、情绪控制、自我激励等方面有良好的自我认知和提升能力。但认知他人情绪和处理相互关系方面，可能因为生活与工作节奏过快、彼此心存芥蒂、来不及或不愿意做主动处理，导致夫妻关系恶化、同事关系紧张、人际关系淡漠等问题。

我常听到一些女性朋友抱怨，说她们最大的失望就是最需要丈夫说出体贴的语言、给予适当的安抚之时，男人往往并不能有积极的反馈，不能和自己感同身受。比如，她伤心的时候，丈夫哪怕不说一句安慰的话，帮她递一张纸巾擦擦眼泪也是安慰。可有的男人就是个榆木疙瘩，看着妻子哭泣，无动于衷。

如果做不到口吐莲花、娓娓动听，最低的标准就是不要用语言伤害别人。不给他人难堪，其实是人际关系中最基本的礼仪。

一个爸爸对孩子最好的爱，就是好好疼爱孩子的妈妈。一个妈妈对孩子最好的爱，就是欣赏并推崇孩子的爸爸。可以在一起，也可以分开，但是不能没有爱，不能否认孩子父母的其中一方。每个孩子潜意识都希望爸爸妈妈在一起，孩子心里最大的渴望是家的归属感，那是超越一切事物的渴望。孩子和父母做相同的事情，孩子可以感觉到我们是在一起的，这就是归属感的需求。如果缺乏与其中一方的连接，孩子的潜意识会没有安全感。最令孩子担忧的事是父母一方否定另一方、排斥另一方，这会造成孩子心理上的分裂。例如，妈妈说爸爸不好，不认同爸爸，孩子为了能和爸爸连接，会采取强烈的方式，做和爸爸相同的事情。“孩子，你真棒，和爸爸一样讲义气。”“孩子，你真了不起，和妈妈一样善良。”多夸夸对方，千万不要当着孩子的面否定另一半的行为。

一些家庭存在身体虐待、情感虐待。

情感上的虐待会造成精神上的创伤。情感虐待也以僵化、完美主义、控制的形式出现。所有以羞耻感为底色的家庭，都把完美主义、控制和责备当作操纵规则。你说的、做的、感觉的、想的都不好，你的想法是疯狂的，你的欲望是愚蠢的，你总是被发现有缺陷。

我曾做过一项家庭矛盾调解：

余先生不愿意和岳父岳母一起生活，为了赶走他们，他经常说一些非常恶毒的语言，伤老人的心。他的目的就是让他们伤心、难过，让他们自动离开。而他的岳父岳母却因为要帮助照顾下一代、因为心疼自己的女儿身处困境而无法抽身，但他们心灵上的痛或许很难抹掉。这种有毒的耻辱，比内疚更糟糕。内疚可以修复，耻辱感造成的伤害却难以修复。

抑郁和绝望总是偷偷靠近那些被伤害的人。在施暴者的嘴里，所有的语言都是负能量的代名词。

余先生的岳父陷入了抑郁，很长时间闷闷不乐，感觉生活没有意思。他经常生病，在医院各个科室检查却找不到病因，最后确诊为抑郁症。

直到双方认识到如此相处下去将面临更大的灾难，妥当安排好各自归宿后，家庭的情感暴力才终止。

很多纠纷和矛盾祸从口出，家庭里的伤害就更多。有些人在外面可能还讲讲修养，在家里却毫无顾忌，伤害的往往是最亲近的人。这种伤害对家人是无休无止的，因为一句话而离婚的夫妻并不多见，但这种伤害却要伴随家人一辈子。

如果家里有抑郁症患者，家庭成员要高度重视家庭的语言环境，要避免语言伤害。

疏导应激情绪

某地一名女生，留下一段伤心的视频，说着“我脏、我贱，我不配活着”纵身跳河。无论是儿童还是青少年，遇到重大事件带来的身心痛苦和恐惧体验，就如看不见的血在流，看不见的伤口在疼。最容易忽视的伤疤，往往最疼。

回想一下孩子的成长过程中遇到的问题，孩子诉说过想起某件事就不舒服吗？孩子是否容易受到惊吓，听到突如其来的声音就会跳起来？提起某件事情，孩子是否会不安？孩子是否会回避做某件事？孩子容易发怒或生气吗？孩子是否难以回忆起影响他的某个事件的细节？

我曾经帮助过一名青年女性。她因受到职场性骚扰，出现精神抑郁，对周围环境退缩，不愿意再去单位。她目光呆滞、表情茫然、情感迟钝，家人喊她不应。她的父母束手无策，希望我能指点一二。在性别认同和重建自尊的过程中，我深刻体会到疏导应激情绪的重要性。在我和她沟通的过程中，她信赖地对我说出自己的遭遇和顾虑，我看到了她的焦虑和自我控制力的减弱，帮助她疏导了负面情绪，后来她合理调整了岗位，及时走出了心理阴影。

本文开头说到的那位女生，她遭受的身体创伤导致负面的行为反应，形成了错误认知。她认为自己的身体遭受了侵害，不能再回到从前，从而自暴自弃，无法从痛苦中走出来。这种痛苦无法自我控制，会带给自己无尽的伤害。当事人往往容易自我否定，认为自己很失败，丧失生活信心。

对于这些受伤的心灵，如何带领他们准确地描述自我，让他们区分恐惧的过去与安全的现在和未来，挖掘他们的优势，帮助他们重建自尊、自信，是父母和身边亲人需要高度重视的。

一名 10 岁的孩子和我讲述了她的恐惧。因父亲有外遇，她的父母经常吵架、打斗，母亲曾拿起刀具要砍父亲，她站在旁边不知如何是好。父母的激烈冲突维持了多年，她已经习惯了冷漠对待他们的争吵。但看到锋利的刀具，她会不寒而栗，身体常常情不自禁地发抖。

听完她的讲述，我对她做了一些安抚。我告诉她，对于她这个年龄的孩子，可以大胆向父母提意见并表达心中的想法，可以单独找父母谈心或者写信，把对父母的希望写出来，让大人看到自己的问题，清醒认知自己的家长角色。我建议她画几张漫画送给父母，分章把父母吵架时的状态画出来，也把躲在一边麻木的她用人物表情和文字表达出来。她羞涩地笑了，回答我说这个主意不错，可以试一试。当她把画作给我看时，我看到最后一张画加了一句话："爸爸妈妈，我希望你们相爱，不要再吵架。"

后来，父亲认识到自己的错误，重新回归家庭，母亲选择接纳，一家人重归于好。

在家庭中，孩子是父母的情感纽带，在激烈的家庭冲突中，孩子往往会受到心灵创伤。每个孩子面对创伤的表现不一样，有的会封闭自己，不告诉任何人他无能为力的事情，害怕被他人知道他的恐惧，有的则会到处寻找倾诉的对象，希望找到同情他的人，而有的人会发生人格变异，用创伤留下的痛去伤害他人。

和谐的家庭环境对孩子成长至关重要。家庭争吵或家庭暴力会让孩子的自我概念受到破坏，不是造成精神困扰就是情感适应障碍。孩子承受混乱的家庭关系，会形成糟糕的社会应对办法。

在社会观察中，家风家教良好的家庭，家庭成员积极向上。而有的上梁不正下梁歪，父母对自我要求不严或情感混乱的家庭，子女中也往往会有人重蹈覆辙。

受伤的心灵需要安抚，好似流血的手指需要及时止血。成长中的生命，心灵深处一直需要一种东西，没有它会焦虑不安，有了它会笃定自信，这就是自我认同感。如果父母能关注孩子在每个阶段的内心变化，了解他们可能遇到的困难和面临的危机，在他们遇到困难时积极给予心灵呵护，鼓励他们乐观、正面地看待暂时遇到的障碍，则能避免让他们感到自卑、疏离、无助，引发更大的心理问题或情感障碍。这是必要的关心，也是成长路上需要的爱。

若你遇到受过伤的心灵，请你给他一些温暖。说不定几句安抚的良言，就能让他忘却伤痛，重拾信心，走向新生。

所有家长都会用自己最大的能力保护孩子，但万一孩子遇到创伤，也要引导孩子从阴影中走出来。

家庭养育成本

一个很现实的问题：将一个孩子从出生养育到成人，在当今环境下需要多少精力和财力的投入？无论在都市还是农村，大多数人生活并不轻松。

近日听闻几则身边事例，颇有感慨：爱应该是对等的，毫无条件的爱、一味的投入，可能最后都是竹篮打水一场空。无论是相爱的人，还是对子女的投入，都需要成本核算。一味地追加投资，不考虑投资回报，最后可能赔了夫人又折兵。

估计很多家长以为，无条件爱孩子，就是最伟大的父母。父母应该毫无保留地把自己的一切奉献给孩子，帮助孩子。

家长习惯把最好的东西给孩子，孩子习惯享受最好的东西。一次，我用牛排考验儿子，他吃了两块，给我留了一小块。我说你吃吧，我不吃。他说还是妈妈吃吧。我还是让给他吃。他夹到了自己碗里。

我此时问：“能不能让我尝一尝？”

“刚才不是让您吃了吗？您非说不吃。现在只剩这么点了。”

我不说话，他有些不悦地分了我一些。

我发现人心的欲望真是难以满足，刚才就不应该毫无私心地推让，应该吃了那一块，这样儿子可能会更理解我想表达的。

我给他讲了两个荷包蛋的故事。

父亲做了两碗面条，一碗蛋在上、一碗蛋在下，父亲问儿子吃哪碗，儿子说要吃有鸡蛋的。父亲说孔融 4 岁懂让梨，儿子说他不让。父亲试探：“真不让？不后悔？”儿子马上吃起了有蛋的那碗。父亲吃了另外一碗，儿子发现父亲那碗面条底下卧着两个蛋。父亲对儿子说：“记住，想占便宜的人，往往占不到便宜。”

又一个周日上午，父亲又做了两碗面条，一碗上面有蛋、一碗没有，父亲问儿子：“吃哪碗？”儿子回答：“吃没蛋的。”父亲问：“不后悔？”儿子答：“是。”儿子吃完面条不见蛋。父亲端起剩下的那碗，上面有蛋，下面还有蛋。父亲指着蛋说：“想占便宜的人，可能要吃大亏。”

数月后，道具还一样，父亲问儿子：“吃哪碗？”儿子回答：“融让梨，儿让面。父亲是长辈，您先吃。”

“那我不客气了。”父亲端起有蛋的面先吃了。儿子平静地端起无蛋的面，快吃完时看到碗里有蛋。

父亲意味深长地说：“不想占便宜的人，生活不会让你吃亏。”

不是所有的教育投资，都有你期望的回报。大多数人注定一生平平淡淡，那些成功人士，真正有时间陪伴父母的可能也不多。对孩子的投资，也要计算成本，适可而止。不希望看到太多家长破釜沉舟，最后却竹篮打水。

你的孩子并不是你的全部，他有他的世界，让他自己去拼。即便你爱他，也不要连同自己的人生都投资进去。否则，你老年的风雨飘摇，孩子扛不了。

家庭教育成本是家庭经济十分现实而又无法回避的支出，需要权衡再三。当然，现在国家鼓励生育，出台了系列政策，如扶持托幼机构，父母可以休育儿假，生育有津贴补助，这都是减轻家长养育负担的切实举措。

在子女的投资上，我以为家长要量力而行，根据家庭的实际情况规划安排。

但我极力支持生育二胎、三胎，这对于家庭关系的改善和老龄社会的优化都是极其有效的办法。多子女家庭虽然会面临很多现实的压力，但这种环境下成长的孩子，更容易学会协作、学会交流、学会包容、学会尊重、学会自食其力。

家庭养育成本也是家庭理财学，日子拮据还是宽松，对于真正有爱的家庭来说并不是特别重要的问题。我就有这样的感慨，我的原生家庭曾经异常艰难困苦，但总有信念支撑。虽有姐妹争吵，但生活有趣有味。而自己的小家庭在现代都市里，承受了各种压力，经济条件虽好一些，但并不特别快乐。因为大多时候，我们都陷入了孤独的奋斗，好似家人不在一个奋斗的频道。当然，在承担家庭责任和养育子女上，我们都尽了自己的努力。

我们生活在最好的时代，物质富有，可是有时好像金钱主导了方向，一切都容易用物质来衡量。金钱不是万能，但没有钱万万不能。

我是在一个节衣缩食的环境中长大的，因为家庭经济拮据，所以知道金钱来之不易，对辛勤所得格外珍惜。一是认为自己劳动所得光荣而甜蜜，二是认为每笔钱花在刀刃上更有价值，对铺张浪费表示反感。

但我们的孩子不一样。当今环境下，很多家长奋斗的目的就是要让子女生活得更好，有支配金钱的能力，有自我尊严感。这其实是寻求地位平等的一种途径，因为人与人之间很容易以财富多寡来判断身份地位。如果家庭过于贫穷，孩子容易形成自卑心理，而富裕家庭的孩子会更有优越感。

关于财富和财产，我们应该给孩子传递什么样的价值观？是放纵购买还是节俭？是慷慨解囊、相助穷人，还是自私自利、自我享受？

女儿初中毕业的时候，她的梳妆台多了不少品牌化妆品和香水。我问她钱从哪里来的，她笑而不答。我知道这是她和她父亲之间的秘密，我不能剥夺他们之间的沟通，但我明确告诉她父亲，给孩子的零花钱需要告知我，这样我心中有数。

我对女儿说，你作为一个学生，购买这些东西并不合适，这并不利于你的成长。我鼓励你、支持你爱美，但爱美并不是化妆品堆积出来的。这样的超前消费，将来会影响你的价值观和判断。后来，家里若有她网购的化妆品，我会要求退货。我认为有必要让孩子分清楚什么是必须买的，什么是可以不买的。对金钱要有负责任的态度。

孩子的渴望比较多，要让他们明智地使用金钱，让他们在不花钱的情况下也能玩得开心，理解钱的价值。必须挣自己花的钱，必须知道消费和储蓄之间的平衡，要让孩子理解负债的后果。

我认为财富要分为4份，一份用于基本生活，一份用于家庭储蓄以备不时之需，一份用于发展事业，一份用于做社会公益。

应该让孩子想一想，如果家庭经济陷入困境怎么办？家庭经济可能受到失业、疾病、事故、家庭破裂等影响，应该未雨绸缪。

幸福不是依赖于财富。我在给青少年做励志报告时谈到过，很多学生都期待自己变富有，但真正幸福的不是财富更多的人，而是那些与周围人群关系处理得好的人。

家长需要给子女传递信念和价值观。千万不要以为身为家长，就应该给予子女无条件支持，应该让子女学会自己去挣钱。

一个家庭，若在孩子童年、少年时期建立健康的消费观和财富观，将会影响他一生的选择。若奢侈浪费形成习惯，长大后也难以改变。

帮助孩子树立正确的金钱观，爱财要取之有道，对不义之财要谨慎。有人为了挣钱不择手段、见利忘义，这样的不正之风要让孩子学会抵制。

宽恕与理解的力量

家庭产生爱，但也产生怨恨。怨恨是一种恶的力量，有可能把家庭推向毁灭。怨恨的种子一旦发芽，家庭就会不得安宁。夫妻之间的情感失和、婆媳之间的不信任、翁婿之间的矛盾，常常会因怨恨而发展。

我们需要练习表达当下的愤怒，愤怒需要尽快释放。愤怒是被羞耻束缚的愤怒，含有恐惧的成分。我们在愤怒时感觉情绪失控，最难过的时候，吼叫声会让孩子感觉生存受到威胁。

家庭成员之间的怨恨，一遍又一遍重复。如果把精力花在怨恨上，会导致很多恶果。有时，宽恕是一条自我解脱的道路，既能带我们走出黑暗的沼泽地，又能让对方意识到过错。

生活中充满了问题，我们建立家庭，常常也要为家庭中的一些问题而苦苦追寻解决办法。

宽恕可以释放能量，能治愈过去。而请求宽恕，也是重建信任。

有些家长，其实要请求孩子原谅你多年来忽视他。如果羞于说出口，写信也是表达的好办法。

宽恕是修复关系的法宝。

我少年时期看到的一对夫妇，男人有外遇，对妻子儿女非常冷漠，甚至大打出手。儿子多年来敌视父亲。男人婚外情失败后，选择回归家庭。妻子儿女虽然很长时间走不出心理阴影，但仍然选择了宽恕。只是儿子在几年内都不叫爸爸，因为每每要喊的时候，很多伤心的往事就涌现出来。

在家庭中犯过错误的人能够道歉，让家更安全。

而对他的家人来说，也许没有什么比原谅更难的了。

我们好像需要不断练习道歉和原谅。

我曾写过一句话，“最黑的黑是背叛，最痛的痛是原谅”。宽恕和原谅能带我们走进心灵开悟的最高层次。

每个人不可能绝对正确，婚姻更不可能十全十美，子女和家长之间，各有各的不足。只有在宽恕和理解的阳光下，家庭关系才会向亲密发展努力。

理解两个字，说起来很容易，但并不是人人都理解他人的不容易。

在家庭的亲密关系中，人们往往容易忽略对方的努力，认为一切都是理所当然。比如，孩子认为自己理所当然应该享受最好的物质条件，女人认为男人理所当然要给自己创造最好的生活环境，男人认为女人理所当然要把饭菜做得精致可口。

理所当然，看起来理直气壮，实际上少了一些温度和包容。当理所当然的人越来越多，人际关系中相互理解的温暖就越来越少。有些理所当然看上去坚硬如铁，实际上也冰冷如霜。

无论是家庭亲情还是合作关系，比理所当然更珍贵的，是我懂你的不容易。

日前，一位校长给我转发了学生紫萱写给父亲的回信，很为孩子理解父亲的不易而感动。

亲爱的爸爸：

您好！

从未想过您会给我写信。都说母爱如水，父爱如山，父亲的爱，总是粗糙的。可您，却想到给我写信。说实话，收到您信的那一刻，我真的挺感动的。

人心都是肉长的，别人对我好，我自然知道。只是您对我的爱太无私了，以至于它显得那么廉价，廉价到就算您把心掏出来给我，我也觉得理所当然。我总是担心别人不喜欢我，但我从不需要去怀疑您是否爱我，因为我知道，答案永远是肯定的。

我知道，在您心里一直有一个遗憾，因为您小时候成绩也还可以，不过因为家穷，爷爷在您初中毕业后，便没有再送您上学了，所以您在我身上寄予了厚望。

“只要你想读，我就算砸锅卖铁也要把你送出去！”这是您曾经对我讲的。听得出来，您是不想让我有和您一样的遗憾。

我从小到大，无论什么，只要我想要，您都会尽全力去满足。您也从未强迫我做过任何我不喜欢做的事。我不知道别的同学的父亲对他们是怎样的，我只知道我有一个特别爱我疼我的父亲。

您的女儿　紫萱

这一封普通的回信，折射了世间父母与子女之间的关系。可怜天下父母心，父母为培养儿女成才，真的毫无保留，愿意赴汤蹈火。“就算砸锅卖铁也要把你送出去！”这是一位父亲庄严的承诺。“爸爸，您对我的爱太无私了，以至于它显得那么廉价，廉价到就算您把心掏出来给我，我也觉得理所当然。”这是一位女儿的珍贵自省，在反思中看到父亲的深爱。

现代家庭环境中，当父母真心不容易。一切为了孩子，为了孩子的一切。但有多少孩子能真正理解父母的付出？能心疼父母的不容易？能珍惜父母创造的条件，自主自发地完成学业？这些看上去理所当然的付出，是不是也容易被孩子理解为廉价的父母之爱？

人往往容易漠视身边拥有的，失去时才知道珍惜。其实懂得他人的苦楚，理解他人的不容易，更是值得珍视的人际关系。

老子言，知人者智。要懂得他人的不易，以恰当的方式守护他人的人生尊严，以智慧的方式对待身边的人，以宽容的心态接纳他人的不完美，以慈悲为怀的目光看待不如意。即使理直气壮，也可以给他人一个委婉的声音，也可以微笑不语，给他人一个温暖的背影。

在家庭中，宽恕与理解，有着无穷的力量。

父母之间可能因为各种琐事产生矛盾和怨恨。有的家庭成员也可能犯错误，偏离家庭轨道。在此情况下，如果能挽救家庭、修复关系，宽恕无疑是最好的选择。

不执着于关怀

今天的世界太富有了，好像我们不缺物质，可是又太贫瘠了，精神如此无力。父母使出浑身解数给孩子最好的一切，不让孩子输在起跑线上，成为家长较量的法宝。

过度保护并不会帮助我们的孩子。我们给予孩子的爱，好像柔软的壳。孩子被棉花裹得紧紧的，陷入了温柔圈和舒适圈。

父母对自己的孩子都抱有极大的期望，想帮助他们克服困难，提高自我。对父母的爱有信心的孩子，有一个安全的基础来建设自己的未来。爱、安慰、赞扬和肯定会对我们的孩子产生影响，改变他们的生活。

其实家长也要做一个好的倾听者，这是养育孩子的基础。有效的倾听需要时间和努力，要做到全神贯注、应对干扰、对孩子表现出兴趣，要识别感受，要回想孩子说过的话。这样的交流才是有效的。

如果没有身体上的拥抱和抚摸，孩子可能会发育迟缓。婴儿需要抚摸和刺激才能生存和成长。青春期的孩子会对身体的接触感到难为情。但这有助于确定身份，建立自信。家庭中的情感建立是我们走向社会的基础。通过健康、深情的接触来表达我们对孩子的爱，以一种轻松愉快的方式建立自尊和自信。

为人父母是一种服务性的职业。我们要教育孩子感恩，帮助孩子培养责任感、树立端正的生活态度。所有的孩子都想马上得到他们想要的东西，对挫折和拖延的容忍度很低。学会延迟满足是成长的一部分。家长常常会陷入教育的困境和无助无力。就是说你纵有一万种办法，用在自己的孩子身上还是如此少。

养育出现各种各样的问题，我们要用尽千方百计才能应对。

我们选择给予孩子关怀，但容易执着于关怀。

不少家长很容易走进执着于关怀的死胡同，就是孩子越排斥，家长越投入，一定要孩子接受自己的关怀才算罢休。

我是犯过这样错误的家长。那是儿子高二上学期暑假，当时家里遇到了困难，他经常动不动就发脾气。我去他就读的学校那边居住的房子看他，他就是不开门，我们母子陷入了非常艰难的对话。他既不接电话，也不回信息，我按门铃他也不答应，我非常恼火，但是又无人能解。

我陷入了执着关怀，打电话要开锁公司来，开锁公司说要警察来现场见证。不料这一行为彻底激怒了儿子，他以为我要整他。我们在外面能听到他在房间里摔打东西，用刀具在砍门。他在里面咆哮：“谁进来我和谁没完。”

无论我怎么解释，无论我如何请求，他就是不开门。我根本无法理解他当时是被什么心魔缠住了。我只能退回去坐在车里独自哀叹，这青春期的男孩子到底是怎么了？！

我是一走了之，还是继续执着等待他开门？

正是周末，我很想给他做顿饭吃，改善一下生活。家里人却劝我："一个这么大的孩子，你以为他会饿死吗？他自己不能解决生存问题？先让他冷静几天，想明白了再说。"可是他发信息说不去上学了，这可咋办呢？我面临着巨大的心理压力。"他是威胁你的，你给他点时间。"我选择离开。熬过艰难的几天，他可能也陷入了心理的困境。直到他主动联系我，我才再次回到他身边。看到此次争吵的后果，我们彼此都有自我检讨。我这样的急脾气和性格，面对青春期孩子的暴躁，是无济于事的。

我和大多数家长一样，可能从来没有给自己放过假，长期生活在高负荷的运转之中，一旦遇到教育无力，容易丧失信心。我们教育子女的目的，是要给他们有梦想去触摸存在的力量，但如果陷入执着关怀，会适得其反。

有些单亲家庭的父亲或母亲，他们认为自己的失败主要是婚姻亲密关系的失败。他们在处理孩子的愤怒或面临教育的无力时，容易走向极端。教育无助无力的时候，也是影响家长教养的时候。

歇斯底里的叫喊并不是严厉，只会让你的孩子站在那里看你的无助。他会幸灾乐祸。

必要的求助，是解救我们自己。

家长感觉到自己被负面情绪包裹时，自己先要从执着的关怀中走出来。这一点至关重要，否则难以找到积极的方向。

家长要关心自我成长。不少家长执迷于子女教育，恨不得把自己未曾实现的理想都放在孩子身上来实现。或者因为自己人生的不如意，希望下一代走出这种循环。但忽视自我成长，思想跟不上时代，无疑会被孩子嫌弃。家长要了解时代，要在知识层面上丰富自己，要有自我成长的能力。

家长要学会转移注意力。家长纠结于孩子不听话，有时会联想到很多其他的不如意，比如情感上的艰难、工作上的不顺、生活上的疲惫。压垮家长的负面力量共同发力的时候，家长就很容易崩溃。青春期子女相比儿童时期叛逆性更强，脾气暴躁时负面作用大，破坏力强。家长感觉到自己在体力和心理上都处于弱势地位。这时，家长不要总是在孩子不听话的想法中走不出来，换一个角度看问题，多一些平和心态，或许无助感很快就会过去。一段广场舞、一场联谊会、一次家庭聚餐、一次郊游，或许就能改变心境。

家长要学会求助专业人士，遇到教育无助无力时，要和专业人士交流。可能你苦苦寻觅的，正是专家早已研究过的。你感到无助的问题，专业人士早已破解。求助于专业人士，会让你尽早解除困惑。

仁义落伍了吗

少年时，我经常听我父亲念叨：“钱财如粪土，仁义值千金。”他说这句话的时候，重音是落在“仁义”两个字上的，“仁义值千金”的语速也会慢一些。

仁义之人有怜悯之心，会伸出援助之手，当别人干坏事时不会参与，更不会结党去做不道德的事。仁义之人，终有好报。仁义，是做人的要求，是最基本的善良，是临危不惧施救他人，是毫不犹豫伸出援手，是道德与利益面前果断抉择，是见利思义的节操与风骨。

今天的时代，仁者勇者有几何？仁义是否还要被当成人生信条？遇到他人危急，能否尽自己的财力、物力、精力去解救？在个人利益甚至生命受到损害和威胁时，还要不要讲仁义？

古人说：“入帷幄之中，参庙堂之上，不能为主尽规以谋社稷，君子所耻也。”身处国家决策机构，或身担朝廷要职，如果不尽力为国家出谋献计，这是君子的耻辱。生命不能不珍惜，也不能苟且偷生。如果奉行忠孝而被杀害，施行仁义而获罪名，捐躯以救助他人，这些都是英雄之举。反观有些人，面临危难，苟且偷生，让人愤怒。

今天的道德观利益居上，见利忘义者当深思。

《论语》有云："仁者不忧，知者不惑，勇者不惧。"意思是说，有仁爱之心的人不会有忧愁，他会用宽容对待给他带来忧愁的人和事。有大智大慧的人遇见疑惑的事物，他会利用聪明才智去求得解决问题的方法。勇敢的人面对强敌不会畏惧，他会义无反顾地去迎击。

这更说明，教子女做人，平时要培养仁爱之心。对下一代的教育，要以德为先。平时如果不注重仁义培养，等到考验来临的时候，孩子是不会有仁义之举的。社会教育也一样，如果平时偏重利益，不重视道德建设，危难之际仁人志士就很难发声了。

孟子有言："君子以仁存心，以礼存心。仁者爱人，有礼者敬人。爱人者人恒爱之，敬人者人恒敬之。"就是说，君子内心所怀的念头是仁和礼。仁爱的人爱别人，礼让的人尊敬别人。爱别人的人，别人也会爱他；尊敬别人的人，别人也会尊敬他。

我不禁联想到我母亲的种种做派来。从她的为人处世中，我学到了一些很宝贵的东西。她和当今社会好似有些格格不入，比如：被人说不会保护自己，什么事都和别人说；头脑简单，人家说什么就是什么，从来不多个心眼儿；对人掏心掏肺，人家给她几个桃子，她一定要还一床棉被才算对得住；谈得来的朋友，一定要邀请别人来家里看看；招待客人时，非要给人夹菜，饭碗里的菜码得高高的才罢休。

母亲单纯善良。我童年时家里来过3个讨米的阿嫂，正是黄昏之际，母亲说妇人家出来不容易，要不是家里遭难了，谁愿意丢下家庭和孩子出来求人？她给每个人量了1升米，留她们吃了饭，还要留她们住宿。其实当时家里条件也不好，只有两个房间能住。3个陌生的阿嫂和我挤在一张床上。我一晚上都没睡着，我总担心她们会打晕我，拿走家里的东西半夜逃走。第二天早上起来，她们早饭都不吃就要告辞，对我们感激不尽，说道：“谢谢你们这样的好人家收留我们，你们大富大贵，晚来有福！”

我们回乡探亲，母亲就会再三叮嘱：“谁家老人卧床不起，要去看一看呢！”“听说哪个家里遭难了，你去问一问需要帮忙吗？”我向她报告情况，她常回赠我一句话：“我的崽做得好，万千万千万万千。”

母亲走到哪里，哪里就有她的朋友。我大概也是从母亲身上学到了一些，所以很多一面之交甚至陌生的文友，都成为心灵上的知己。她这种为人处世，其实也是家庭教育。

仁义并没有落伍，这是民族精气神，是家教传家宝。

家庭教育，是教育仁者，还是培养市侩？是教出自私自利者，还是培养宽宏大量者？父母的胸怀、格局和眼界，影响子女的未来。

乡村教育的忧思

接二连三地看到乡村孩子的悲剧，我的神经再次被强烈刺激。如果农村家庭对孩子的安全不引起足够重视，家庭教育缺失，农村家庭结构不稳定，还有可能再次遇到这样的危险。这绝不是危言耸听。

2020 年，某地县委宣传部发布官方通报，在某小区堆放的土方中，陆续发现 4 名 5 ～ 11 岁儿童的遗体。4 名遇难小孩平时就会在一起玩，他们分别来自 3 个家庭。事发工地以前是农民的农用地，现在被征收盖楼房。施工现场虽然有围栏，但很多地方都有可供人钻入的洞口，并且现场没有任何安全警示标语。

4 个活蹦乱跳的孩子，意外地丧命于一个土坑。我只想问一问，这样的施工现场，难道无人看管吗？这样的围栏形同虚设，应该找谁去问责？这样的意外，3 个家庭如何承受得了啊！在乡村孩子的安全教育上，谁来给农村家长先敲敲警钟！

我们的心情不能平静。为什么这些乡村孩子的生命如此短暂？在家长忙于生计之时，谁能陪伴他们成长？乡村安全隐患多，儿童青少年结伴外出玩耍，要有监护人在场。育儿是大事，切切不能疏忽大意啊！

用什么保护你们，乡村的孩子？恶性事故引发人们对有关法律法规的思考，也对乡村教育、乡风文明的推进提出了具体要求。家长应该好好学习相关的法律知识，比如《中华人民共和国家庭教育促进法》《中华人民共和国未成年人保护法》《中华人民共和国反家庭暴力法》等。

还有一些农村离异家庭的孩子缺乏父爱或母爱，而单亲家庭的生存压力，导致家庭教育的缺失与疏忽。特别是离异家庭的女孩，如果从小跟随父亲生活，在性教育与安全教育方面更容易有所缺失，更容易遭到性侵害。希望各级妇联在保护乡村女童方面有更切实的措施。

农村是一片广阔的天地，乡村家庭教育曾经培养了一代又一代精英。一些人走进城市，一些人留在农村，素质涵养高一些的人成为乡村发展的中坚力量，成为影响农村风气的乡贤。

而随着城市化的推进，乡村空心化的严重，乡村教育整体呈倒退趋势。乡村家庭教育，更是成为空话。留守青少年儿童多年在心灵的黑暗边缘摸索，难以得到现实的鼓励。我在乡村学校巡讲时，很多乡村教师为此深表忧虑。

对于农村的孩子来说，读书，是一条光荣而幸福的道路，也是认识自我、发现世界的希望之路。当前乡村学校优质生源流失，乡村学校培养精英人才的机会被剥夺，乡村教育的信心严重不足。乡村学生是否还有勤劳、勇敢、坚毅的品质，还有没有和城里孩子同时起跑的自信，这需要家长和我共同探讨。

一些农村家长和我说："没办法呀，在家里陪伴孩子，没有经济收入。家庭开支从何而来？出去打工赚钱，又管不到孩子，总之是两头放不下。"其实，不管是城市还是乡村，家长的压力都差不多。

谈起留守儿童青少年的教育，不少乡村学校的老师都有话要说。劳动教育和德行教育应该是当下教育最应该重视的问题。赏识教育不能无度，家长和教师面对孩子的缺点与不足不能当老好人，要敢管敢说。也有老师说现在农村孩子读书的动力不足。城乡差距，代际传递，农村的孩子如何启发梦想、树立目标、激发动力？

奋斗就是培养自己的底气，让底气成为走入社会的背景。永远不要把自己彻底交给别人，永远要给自己留好退路、留好选择，把握人生的主动权。有底气，把握主动权，就是有说"不"的能力。

我在全国各地巡讲，是对青年学生的党史教育，是对山村学生的励志报告，是对家长的家庭教育。每一堂课，我都根据听课对象进行内容调整和互动，用接地气的语言、用真实的故事、用采访发现、用我的真诚，呼唤青年一代觉醒，呼唤少年立志追梦，呼唤家长清醒。

一些乡村教育工作者直言不讳地说，乡村教育在呈倒退趋势，希望借乡村振兴的东风，让乡村教育再度找到发展的机遇。而真正的乡村振兴，一定要教育先行。

第

4

章

青春啊
青春

开 篇 语

孩子青春期是个特殊阶段，非常考验家长的心理，也考验家长的教育能力。我们需要帮助子女建立健康的价值观，如果遭遇失败，并不是耻辱。我认为教育的重要法则，就是培养孩子的自律、责任感和健康人格。

在陪伴孩子长大的日子里，我自己也一起成长。我有过失落、苦恼、歇斯底里，有时候会觉得自己涵养不够，遇事着急。但是我与人为善，懂得宽容，能自觉自发改正错误。

孩子青春期的焦点问题在于身体变化的秘密、拒绝沟通、迷恋网络、厌学、升学苦恼、早恋等。

孩子会在什么情况下茁壮成长?

在鼓励中，有一定的边界、有纪律的约束；在宽恕中，有做自己的自由、有信任。

如果一直生活在抱怨、批评中，充满对失败的恐惧，经常被迫服从，被控制，孩子可能会枯萎。

青春期，家长需要释放我们的孩子。

“儿子，喝水了吗？你要多喝开水呀！”

“女儿，吃饭了，来，今天的饭菜最好吃了。”

“儿子，快来吃饭，待会儿时间来不及了。”

……

“你烦不烦，真啰唆，别烦我，快走开。”

大多数家长都会向儿女传递关怀，但面对青春期的孩子，一些家长还没有从对子女的生活照料中分离出来，还在用无微不至的近乎保姆式的服务和孩子交流。一旦子女不听话，不按套路出牌，家长自己就先陷入了管教无力的抑郁。

对于青春期子女，家长不能执着于生活关怀，而要从人生观与价值观、前途与命运的角度对子女进行精神上的引领。

其实子女成长要抓住几个关键期，青春期就是其中一个重要的时期。

这个阶段，家长要有足够的思想准备，要有良好的心理素质，要有包容、不较劲的胸怀，要有接纳子女不完美的心境。

在孩子青春期，家长可能会陷入自我怀疑，就是你管教和指导孩子的过程中，感觉自己哪儿都错了。

家长的任务是帮助青春期子女缓解成长焦虑和压力，但往往家长会自加压力。

当孩子进入青春期，放手变得很重要。青少年需要空间去探索和思考，去发现自己，建立家庭以外的关系。我们放手的速度取决于他们的成熟程度。每个孩子的青春期都不同。

不知不觉中，女儿已经上五年级了。班上开始传言哪个女生对男生好，我听说班上有同学喜欢女儿。女儿已经有了小少女的味道，我送给她一本《青春期的秘密》，放在了她的书桌上。我又期待又担忧，自己的孩子青春期会怎样？但总感觉时间还太早。

女儿进入逆反期，什么事情都爱钻牛角尖，非要追求完美，作业写错一个字都要哭半天，弟弟影响她学习，她也哭。看着孩子这么强迫自己，谁也说服不了她，我又恼火又生气，可她就是认死理。

她还经常重重地关上卧室门……

女儿的青春期之后是儿子的青春期。儿子有些贪玩，一放假心思更野了，整天琢磨的是电视、电脑游戏，要他写日记不写，要他练钢琴不练，有时会和你死缠硬磨："妈妈，不着急，我再玩一会儿游戏。"有时会和你讲条件："妈妈，我弹琴30分钟你让我玩电脑1小时。"弹琴的时候，他不是要上厕所就是要在沙发上玩玩具，玩电脑的时候却全神贯注。

十分窝火的时候，我会打他，有时他会和我对打。看他哭闹失控我又后悔，为什么没有别的处理方式呢？打斗之后，如何自我检讨？如何反思？

当我从这一段时期走出来后，我才真正发现了自己的不足，也对青少年家长有了更多真心建议。

我的青春往事

我自己是没有青春期叛逆的，当时我的家庭负担沉重，我是那个要主动为父母分忧的人。身为长女，看着父母的辛劳，我经常不忍心对父母提任何要求，好像自己每提一个要求，都是给父母增加思想负担。

但那时我却感觉我有个人力量，我有另一个肯定内心自我的人，我知道我是谁，我能思考和学习。

我对自己的定位是比较准确的，我想帮助家庭改变命运，改变家庭多年来的艰苦生活。我要给妹妹们做榜样，我也要成为父母的骄傲，要给长期被生活压抑、很少见到笑脸的人一个安慰。

但当时生活的拮据和痛苦，也影响我对未来的信心。我记得有次要交 10 元钱的书本费，可是我知道家里没有钱，不敢向父母开口。时常被经济压力逼迫得透不过气来的我，有时在同学面前有些自卑。所以我经常自我防御，一旦遇到同学发表不同意见，就会拒人于千里之外。自我防御是为了分散我对痛苦的注意力。

有段时间，我很警惕地与周围人交往。我不太相信周围的人，我和同学之间界限分明，我感觉自己不属于他们那类人。我既要努力挣脱家庭带给我的负担，又不信任周围的环境，我要孤傲地保存自己的实力，那时心里总有一种暗暗较劲的动力："我要努力，我要比你们任何人都更有出息。"

初中时，我们班新换了一位年轻的班主任，大多数同学对原来的班主任比较有感情，一时难以接受新班主任。我也是其中之一。虽然新老师对我还不错，但我总对他有敌意，上课顶撞他，同学们会说"班长好样的"，我就更加得意了。我以此为乐。

老师在上课的时候，我经常会戴着有色眼镜看他的各种表情，会反复琢磨他批评我的每一句话的意义。我认为他对我不够重视，只关心班里另一位尖子生，只喜欢数理化成绩好的同学。我时而偷偷哭泣，时而郁闷，有时他喊我回答问题，我明明知道却故意不说，就让他拿我没办法。

我在家里是乖乖女，在学校也是好学生，但我在新来的老师那里却找到了情绪发泄的机会。我和其他同学一样疯疯闹闹，好似让青春找到了出口。

那时我们很容易忽视家长，虽然内心尊重，但认为家长引导不了我们。所以我在学校的表现和情绪上的波动，一般也不和父母沟通。

我考学的那段时间，正好是父亲的重病时期。巨大的家庭压力让我感觉到人生无望。我用尽一切努力考上学校，却因家庭的变故，可能无缘走进学校大门。

青春对光明前途的渴望，期待命运的改变，都变成遥不可及的空中楼阁。那段时间，我对金钱的重要性记忆深刻，对那些家境好的同学抱有成见。我觉得他们的想法和我的想法是不一样的。我有一种来自心底的逆反，凡是我认为的公子哥或城里的阔小姐，我一律拒绝深入交流。

我记得我还做过愚蠢可笑的事。当时我担任校学生会卫生部副部长，经常去学校的各个寝室检查卫生，往往忘记自己在寝室里哪天值日，所以每次卫生检查，都是同寝室的室友帮忙紧急处理。我寝室里的姐妹们抱怨："卫生部部长整天忙学生会的事，自己寝室里的卫生却经常没搞好。"

按常理说，我应该向她们表示感谢，谢谢她们对我的支持，经常帮我解围。但我偏激地认为她们是嫉妒我在学生会工作，心里有点小叛逆："你们说我不搞卫生，那我就真的不搞了，看你们怎么办。"有位老师找我谈话，说有同学反映我搞特权，有点清高，不愿意和同学打成一片，我意识到了自己的错误。

现在，我正在经历儿子的青春期。听到儿子谈论学校的事情，听到他和我分享他的友情、评价他的朋友的时候，我隐约看到了我当年的样子。

打开一扇门，回望我的青春。

当我上学，离开了家庭有限的圈子，向社会大学奔去时，当时的我有两项主要任务：第一，发展社交技能，与同龄人互动合作，用正确、平衡的方式竞争。我不断地拜访那些长者、优秀的人，期望找到人生的坐标。第二，我是如此渴望自己能获得更多的本事，能找到赚钱的办法，希望获得事业发展必要的知识，确保日后的经济来源。

我假期到处寻找实习机会，如修马路、乡镇企业调查、农村失学儿童情况摸底、农村经济结构调查等。在这样的实践中，我认识了不少人，好像也慢慢打开了自己的社交圈。我记得我那时候有强烈的求知欲望，也很好奇社会的各行各业。我希望自己成为社交高手。事实上，我成年后的一些进步，也得益于那时的一些尝试和努力。

青春期也是正义感爆棚的时期，对社会的不正之风特别敏感，有心要改变世界。我记得我几次遭遇扒手，当时毫不犹豫就当了正义之士。

记得有一次在新华书店，我隐约感觉我的小背包动了，回头一看，有个男士距离我很近，我就把他当成扒手，要求他还钱给我。事实上，我也是发现我带的 20 元钱不见了。男士开始不承认自己是小偷，说我是诈骗。我很奇怪他怎么会说出这样的话，后来在众目睽睽之下，他还是给了我 20 元钱。我和妹妹当时很担心被报复，怕他不情愿还钱，在门口堵我们。

现在回想起来，这就是青少年思想，想得太多。当我们胆战心惊回到家里检查背包的时候，却发现原来那 20 元钱还在。我自己都有点糊涂了，对方是不是真正的小偷呢？

还有一次，我在公交车上遇到了小偷，是我的邻座。当我发现他偷老人家的钱，我要他住手。他当时没有继续扒钱，但等我下车时，他的同伙六七个人都尾随着我，吓得我赶忙找了一户人家躲避危险。

这些青春往事，其实也培养了我处理问题的能力。

青春期也有强烈的交际渴望。记得有次走亲戚，路上遇到一个比我稍大的男士，感觉气质与周围熟悉的人完全不同，一打听才知道是大学教授。我们一路聊了很多，那时我就向往外面的世界，感觉只有更优秀才能接触更多优秀的人。

青春期既想远离父母，又希望得到父母的指导，也会把父母的教育当成耳边风。那时迫切地想往外走，并不害怕路上的风险。

青春期的本质特征

每个家长都有自己的青春期经历，今天子女身上的青春期表现，能从某些方面反映出我们的过去。这是童年期累积的信心，是过去连续的准备。青春期需要去寻找新的力量。

青春期的孩子有着十分矛盾的心理，他们有青春期的情绪波动，很正常地讨厌父母，却又希望和他们进行坦诚交谈。他们要远离父母，离开家，让父母失去吸引力，去寻找自己的同伴群体。

我的儿子就有这样强烈的表现。他经常思考的就是要做什么工作，把精力花在哪里，什么时候长大。最开始，他想成为篮球明星，后来对中国传统文化产生浓厚兴趣，热衷于道教文化、武术学习、历史故事。他每每思想发生变化，都会和我交流。

同时，我也深刻理解他的孤独。他满心激情，却又内心空旷，不确定人生之路要去向哪里。一到周末，他容易陷入自我孤独，一个人猫在房间，感觉到前途迷茫，却又缺乏自我控制的能力。同时，他又陷入自我中心，不愿意听取家人意见，天生偏执。他有时相信自己的生命是独一无二的，感觉到男子汉气概的力量，有时又自顾自怜，说没有人理解他、爱他，他像个留守儿童。

他有沟通的狂热，希望我能介绍一些我采访和接触过的社会精英，用他们的观点影响他的思想。我在他的成长中，也看见了青少年在思想、风格、角色和行为上自己所做的大量尝试，我感觉青春期是所有阶段的整合和改造，也是生命周期风暴最多的时期。他们会高度神经质。

孩子上学后离开了家庭，进入新的社交技能形成阶段。学校成为新的主要环境，技能培养将帮助青少年自由自发思考未来。孩子在学校会遇到不同家庭背景的同伴，遇到不同性格的老师，需要学会自己处理问题。有的孩子很喜欢有活力的老师，有的孩子希望严厉的老师教导自己，有的孩子抗拒教育方法失当的老师，有的孩子则排斥自己不喜欢的老师。

青春期是个人身份开始被封闭的时候，孩子容易陷入思想困境，要让他们直面有毒的负罪感，以此来形成良知，并限制自我行为。青少年不断地渴望认识和超越自己，找到真实的自我。孩子会思考自己的出身和家庭文化，强烈的自我整合会给他一种自信和控制感。

家庭文化会对青春期的子女产生思想上的影响。正能量家庭、书香型家庭、和谐型家庭，都能给子女带来一些积极的思考。家庭成员酗酒、好打架斗殴，孩子自然也会受一定的影响，因为他们学会了另一层面的生存办法。

有些家长角色对于家庭的破坏性和影响力是很深远的，一些家庭创伤性事件和情感上的痛苦，不仅对于男女双方是痛苦的烙印，也会影响孩子对生活的理解。比如，一个婚姻失败的母亲，可能会陷入亲密关系失败的创伤。一个经常遭受家庭暴力的母亲，可能会有随时离开这个世界的想法。一个长期酗酒不归家的父亲，可能会让女儿产生对男人的厌恶，让儿子产生男人角色定位的迷茫。如何转变创伤，书写个人故事，这也是给青春期子女的另一种教育。

青春期还有一个明显的特征就是精力充沛、思维丰富、思想活跃。他们敢于做梦，勇于追求自己想要的东西，这是一种巨大的力量。我也曾经有过梦想，渴望在都市的写字楼书写自己的人生，希望有自己喜欢的人。这其实就是一种渴望。

创造性的选择是青春与生俱来的权利。有些人年轻时的选择，改变了一生的命运。

青春期在积累力量，希望得到社会的肯定。这种肯定可能来自爱情，也可能来自一份有意义的工作，关键在于一个人自我价值的提升感。

母女对抗

也许是青春期的来临，初二的时候，女儿好像已经不是我认识的女儿了。喊她听不见，没有回应；再喊，就是一声不耐烦的“哎呀，你叫什么”。在家里的周末时光，她除了写作业、看书，几乎很少做家务。我每个周末累得腰酸背痛，在厨房一站就是几个小时。身体不舒服，我也只好在沙发上休息一下再继续干活，做饭、洗菜、炒菜、洗碗、收拾厨房。如果喊她来参与家务，她会很排斥。比起她长大懂事后主动在厨房做各种美食，我感觉她青春叛逆的那段时间完全不像我的孩子。

面临子女青春期叛逆，我最大的烦恼是得不到孩子父亲的支持。他“纵容”儿女的行为。我说：“孩子都12岁了，该承担家务了。”他说：“哎呀，让他们好好学习吧。”有一天，我身体不适，对女儿说：“女儿，你今天该洗碗了吧。”孩子父亲正好出差回来，立马回话：“她洗不干净，我来洗吧。”我有些恼火，他根本不理解我的用意，于是没好气地回答：“那以后女儿出嫁成家了，您也陪嫁过去洗碗吧。”

儿子开始讲在学校看的电影：“妈妈，我们昨天在学校看《小孩不笨》，可好玩了，里面有个姐姐，也和我姐姐一样，总和妈妈作对。”

我偷偷笑了，儿子观察得很到位。

女儿听了不好意思地笑了，低着头吃饭，小声说了一句：“不过那个姐姐学习也挺好的。”

我择机补充：“一个人光学习好是不行的。”

儿子笑了，开始讲述电影里面另外的情节，女儿好像有所触动。

教育子女，不是给他们提供最好的条件，而是培养他们自我生存与自我控制的能力。你什么都要为他们代办的同时，也剥夺了他们自我实践的机会。

女儿和我的对立、对我的冷漠，让我非常难受。但我又不甘心自己教育的失败，还得拿出耐心来好好沟通。我看面对面沟通实在困难，就在出差的间隙写信。

亲爱的瑶瑶：

你好！

自从上次妈妈在武汉出差给你写的信丢失后，一直感觉很遗憾，借这次在青岛出差，忙完一天工作后，妈妈回到酒店给你写信。

你其实是一个很懂事也很识大局的孩子，妈妈知道你很努力、很勤奋，这都是十分优秀的品质。看到你每天进步一点点，开始学习做家务，自己学会管理、照顾自己，妈妈由衷高兴，但还是要提醒你：

世事洞明皆学问，人情练达即文章。为人处世是一个人一辈子需要学习的最重要的功课，比如怎么友好对待家里人、对待朋友和同学，以及未来对待领导、同事等。一个人能够友好对待家里人，那他一定也有能力处理好与其他人的关系。有些人文化程度并不高，但是很会处理人际关系，这样的人也许更受欢迎，更能赢得别人的尊重与信任。

心中要有他人，凡事先替别人着想。人会遇到很多问题，也会受到利益诱惑，人可能都是自私的，谁都想得到更多的糖果，或者自己最占好处，但是人的眼睛又都是雪亮的，当你占了便宜的时候，也许别人就会小看你。一个人如果在面对好处的时候，能把好处让给别人，那他也许能得到更多的尊重。比如，家里只剩下最后一个鸡蛋，你又特别想吃，你是会自己吃，还是留着给父母吃？如果你能想到别人也许很想吃，你也许就不会那么迅速地把鸡蛋夹到自己的碗里了。一个人不自私，别人就会高看你。

家庭是大家的，家务活不是某一个人的。也许在你看来，家务活应该是妈妈一个人干的，爸爸挣钱，妈妈就应当干所有的家务活。但是孩子，妈妈也有工作，妈妈也不是机器人，我如同一头老牛，总有拉不动犁的时候。你长大了，你现在就应该学会承担起家里的担子，学会做一些家务活，特别是你自己的事情，洗衣服、洗碗、扫地，这些你都是有能力做到的，每个家庭成员，都有义务为家庭贡献力量。

责任心是一个人最可贵的品质。孩子，妈妈看到了老师给你的评价，因为你的责任心，老师愿意让你当小助手，因为你能办好事，老师很放心。妈妈参加工作这么多年，认识了很多人，也了解了不少事，一个人有没有责任心，小到完善自我，大到服务社会，这是评价一个人最重要的指标。只有有责任，办好自己的事，才更有能力去帮助他人。一个人，要有开阔的胸怀，不要总是小心眼，或者计较自己个人暂时的得失。这样人才会更快乐、更开心，也更有人缘！

希望你多多努力哦！

妈妈于青岛

2013 年 11 月

从青岛出差回来，我张罗完家里，忙完家务，才躺在小床上休息一会儿。儿女一个个看着电视，什么也不干。我十分恼怒，感觉自己是个机器人，就让女儿给我倒杯水。她不耐烦地倒了半杯凉水，一只手递过来，说："你喝。"

第二天早上，先生要出门远行，我和他聊昨天的气愤事，批评女儿不懂事。他一笑了之，说："你女儿正在青春期，你少惹她，我都怕她。"

女儿呢，自从昨晚的水杯事件发生后，就躲进自己屋子把门反锁，小脾气越来越大。

儿子见我哭，就劝："别哭别哭，别哭了。"

很多时候，家庭教育的矛盾让我无所适从，我认为孩子不能太溺爱、太娇纵，有问题、有错误家长要指正，要告诉孩子正确的为人处世方式。而我先生认为这没有什么大不了，儿子该严格，女儿该放纵，他往往用严厉指向淘气的儿子，但是万分宝贝他的女儿。很多时候，当我严厉指出女儿的问题，他会当着女儿的面说："我真拿你没办法。"女儿的教育基本都是我执行，他对孩子只有一句话："好好读书。"

这样下去孩子怎么成长？我心急如焚。

在这个家庭中，我一面要相夫，一面要教子。儿子、女儿都要引导，男人社会压力大，心理却是不成熟的，也需要女人来引导。

父母的角色，是孩子的长辈，也是孩子的朋友，朋友可以交流，不可以权势压人。父母是需要自我修行的，当个人修养达到一定水平，你的言行自然会影响儿女和他人。

在母女对抗里，我的确也发现了自我的焦灼。这种焦灼，烧伤过自己和家人。

有时候，遇到问题，留一段缓冲时间，或许皆大欢喜。

叛逆与觉醒都是成长

青春期到来给孩子的行为带来很大变化，有时家长却没意识到。孩子拒绝指导，无视他人的感受，此时他们已经要求独立了，但家长还停留在唠叨、批评、抱怨、否定中。

事非经过不知难。育儿也一样，急不得，你只能跟着孩子一点点成长。当年听到一位大姐说她的儿子叛逆逃学，我还庆幸我的娃乖顺，不会如此折腾。几年后，我却自叹小瞧了家中“哪吒”的闹腾力量。写作此书的目的就是希望有需要的家长朋友提前学习一些预防办法，面对新生的对抗，有足够的思想准备。

儿女青春期给我的感受是，一会儿想要长大，一会儿想要被保护。即使他们表现得比实际年龄成熟，但实际上依然需要父母对他们表达爱，他们需要鼓励。

但他们宁愿和别人在一起，也不愿和父母在一起。他们宁愿在网络上投入大量的时间，也不愿意和父母有太多交流。

新加坡系列电影《小孩不笨》的插曲，或许代表了这一阶段孩子的心声：

我们肆无忌惮，我们成群结党

我们目无尊长，对什么事情都不满

……

有多少人关心我们为何会走错、迷失方向

……

其实我们也曾努力，要争取所有人的称赞

……

泪水已经流干，前途也很渺茫

迷失的灵魂，我们该怎么办

这首歌让我想起自己的青春期，真如歌词里说的一样，既想做个好孩子，又十分迷茫，不知道希望在哪里。那时我们女生每天写日记，想不通的事情都交给日记。欢声笑语，哭泣迷茫，日记里都记录得清清楚楚。我们也交换日记看，时不时给好朋友的日记后面写几句鼓励的话。现在翻开那尘封了 30 年时光的青春日记，常为那时的无病呻吟哑然失笑。或许，这就是青春。

你责骂过叛逆的孩子吗？你是不是忙于工作而对孩子冷漠？你经历过他叛逆到觉醒的过程吗？你是不是左右看你的孩子不顺眼，而当他走出青春期迷茫的时候，你又感叹，原来我以为他是块石头，没想到他是块宝玉？

其实，叛逆的孩子，就如哪吒一样。电影《哪吒之魔童降世》很让人感动，其实就折射了家庭教育中应对叛逆的方法。哪吒是个小英雄，但他的出生成长经历了一番考验。他性格天真、活泼好动，又有冲动任性的叛逆，常以愤怒情绪面对一些不良现象。他敢做敢当，主动为错误买单。我们从他身上其实看到了自己的影子。

太乙真人是哪吒的师父，他的言行举止对哪吒成长有重要影响，而送的宝物也有象征意义。哪吒刚出生时，师父送他乾坤圈和混天绫，是希望他本领更强，又有束缚的意思，象征对他的顽劣性格有一定的约束。当他重生后送的红缨枪和风火轮，则象征力量与自由，其实是一种释放。

我们的孩子也一样，青春活力无限，如果高度压制其个性，会让他焦虑和压抑，长期如此，会导致其心理紧张。

我认识一个叫桐桐的男生，他的父亲工作很忙，几乎一个月时间才能回来一次，母亲则长期处于育儿焦虑中，脾气暴躁。时间一长，父母出现感情裂痕，每次男方一回家就是打闹吵架。桐桐十分郁闷，又无处发泄，只好把自己关在小屋子里看电视、玩游戏，因此体重猛增。他越来越不愿意出门，也不想和任何人沟通。父母离婚后，父亲另外组建家庭，母亲带他回了老家。其实，桐桐就是面对家庭的矛盾心理不适应，他在家庭中没有得到足够的重视，担心自己出去和人交往遭到别人的歧视。缺失父爱，让他产生了心理上的不安全感和对人际关系的不适应。

在特殊时期，如果没有给孩子足够的关心，我们也许就会错失最好的沟通机会。有些孩子因叛逆期精力充沛，心智不成熟，是非观念不分，自控能力差，情绪容易失控，容易走上犯罪和自毁前程的道路。

青少年的叛逆，本身就是一个成长的过程。但由于家长没有足够的方法和心理准备，有时会感觉到教育的艰难和为人父母的心累。

可以静等花开，可以理性看待，但青春期叛逆并不是“狼来了”。把握好关键点，唤醒你的孩子，他会爆发出你意想不到的力量。

我儿子性格活泼，酷爱篮球，篮球明星赛每天追着看。他的目标是成为篮球明星。初中时，他向父亲提出休学，要去美国寻找篮球训练的机会。父亲教育他，这个梦想有些不切实际，看看你的身高条件和目前的篮球水平，再综合分析一下球员们的综合素质，差距在哪里？儿子不听话，对抗了 3 天。父亲恼怒，怎么劝孩子也不听。他找到学校体育老师，找到一位篮球行业人士，带着儿子和他们聚会，谈了谈青春理想。孩子好像听进去了。

儿子终于明白，篮球只是他的一项兴趣爱好，离专业水平还差很远。他现在的任务是提高自己的文化成绩，把主要精力放到学习上。他的这种觉醒，让他的学习态度端正，学习热情高涨，也赢得了同学们的尊重。但篮球，依然是他的爱好。

青春期的孩子爱钻牛角尖，也不一定理解家长的苦口婆心，可以借助他人的影响来帮助他走出迷茫。等待他的觉醒带给你成长的欣慰吧。

儿子 16 岁后，本来一直在学校寄宿的他要求退宿，计划骑单车上下学。我本来还想请老师做做工作，劝他继续住校，可是他说出了种种理由，已经开始了走读。我也只能允许他做这样的决定了。为了给自己安排一个好的书房，他竟然自作主张，从距离两百公里的地方，请货车司机拉来了一张书桌。起先他问过我，我表示不支持，但他还是自己做了决定。

不过，当我参观他的书房时，我认为他的这个决定是正确的，改善了学习环境。我感受到了放手的快乐。

叛逆和觉醒，都是青春期孩子要经历的过程。经历过儿女的叛逆和觉醒，我深切地体会到，这都是成长。

不要被孩子的青春期吓到，不要因他们这个过程的特殊表现而心情郁闷。这一段特殊的经历过去后，很快你将会迎来无比幸福的阶段。你会欢喜他们的成长。

韧性逆袭

大多数人都有过艰难的成长之路，让他们走出艰难的，可能是贵人相助，可能是时来运转，可能是机遇垂青，但关键需要自身努力。真正引领他们走出艰难的，其实是良好的心理韧性。

一位文友给我留言：“佩服你的努力。在家里，我和我先生几次讨论过你，结论是你真的很努力。”此话受之有愧，但对于了解我的成长经历的朋友来说，可能这样的留言，是对我面对困难从不畏惧的肯定，也是对我历经挫折依然抬头挺胸的鼓舞。或许是韧性，改变了我的人生。

韧性本来是个物理学概念，表示材料在塑性变形和破裂过程中吸收能量的能力。韧性越好，则发生脆性断裂的可能性越小。韧性也是心理学用语，是指一种压力下复原和成长的心理机制，指面对丧失、困难或者逆境时的有效应对和适应。它不仅意味着个体能在重大创伤或应激之后恢复最初状态，在压力的威胁下能够顽强持久、坚忍不拔，更强调个体在挫折后的成长和新生。

父亲重病那年我 15 岁，家庭遭遇重大危机。我时常担心辍学，更担心晚一天回家可能再也见不到我的父亲。我生活在巨大的压力之中，常常以泪洗面。生活暗淡无光，前途渺茫无望，家庭岌岌可危，青春的迷茫无助，让我看不到任何希望。

周围人给我的一句鼓励的话，哪怕就是一个字，我都倍感亲切和温暖。当然，我也看到了世态炎凉。那时我心里有一个声音：我要努力，我要证明自己不是一只能随便被生活这头大象踩死的蚂蚁。

我曾在给学生做励志报告的现场回望我的青春苦闷，或许是真实的生活经历让他们产生了共鸣，现场气氛让我特别感动。要感谢那些生活的苦难，让我更了解生活的本真。

不知你有没有看过《风雨哈佛路》这部纪实电影？这是根据美国女孩莉斯的真实经历改编的，讲述了莉斯自幼遭遇家庭不幸、饱尝人生苦难，却坚定信念不懈努力，始终怀抱美好生活的希望，最终步入哈佛殿堂的经历。

苦难的生活和环境中的风险因素，往往对人的成长产生不良影响。环境对人的影响固然重要，但如果没有个人强大的心理韧性，面对挫折和逆境自暴自弃，那就成了苦难的牺牲品。

韧性是个人的一种能力和品质，是一个人能从消极经历中恢复过来，并且灵活地适应外界多变环境的能力，是应对压力、挫折和创伤等消极生活事件的能力。

有韧性的人，对外界环境的调控能力强，适应水平也高。他们从来不找借口，不推卸责任，而是发挥主观能动性，在认知、情绪激活、应激方式以及人格特质等方面的综合品质均达到了对外界环境的最佳匹配、调控与适应，且能够以最有效的途径外化出来。其实这也是人格与认知水平的综合体现。

在我看来，当前都市青少年的生活环境相对来说过于安逸，物质非常丰富。孩子缺乏艰难生活的历练，更缺乏了解真实生活与社会不同阶层生活状态的实践，所以缺乏心理韧性历练的机会。

逆境非常考验人，也很锻炼人。只有积极应对生活的苦难，勇敢接受现实、抓住可能的机会改变自己的境遇，培养自我解决问题的能力，培养包容之心，储蓄自我能量，才能培养良好的心理韧性。

良好的韧性，能帮助人适应环境，了解真实的社会生活，化解人生路上的危机。它能帮人正确看待自我所处的环境，不自怨自艾，在滚滚洪流中一跃而出。良好的韧性，其实也是健全人格的形成过程。

身为家长，请不要溺爱孩子，不要剥夺他们应对挫折和困难的机会，不要一味满足孩子的要求。社会不是他们的父母，不会帮他们包办一切。你培养的子女终究要走向社会，那就应该让他们在踏进社会的大门前先有足够的认知准备。

社会不是温室，不要将你的孩子培养成娇嫩的花朵。社会更不是小心翼翼、百般呵护孩子的家长，想要孩子适应社会，请先放手让他去独立行走。

男孩怎么养

我青少年时期，父母好像没给我们定太多规矩。当然，我会主动和父母说我遇到的一些问题。而当我的儿子给我提出一些问题时，我感觉到了男性家长在此时期的重要作用。男孩渴望父母对他们的想法感兴趣，得到鼓励和支持，家长要尽可能考虑他们的需求。

我的儿子长大了，他要独立居住。当我提出要去看他时，他极力排斥。我担心的是他独立生活的能力，或者有没有其他出格的行为，他主要的难点在于房间里一团糟。

第一次我去看望他，他反锁房门不让我进去。我气急败坏也没有用，只能把给他带的东西放在门口，他趁我离开时才把东西取进门。

第二次我和女儿去看他，他让姐姐进去，却不让我进去。我以急着上厕所为由踏进房间，他居然用衣服裹着我的头、蒙着我的眼睛，不让我看他房间。

其实他知道自己卫生没有做好，担心我会批评他，所以他拒绝我进入，也排斥我看到现场。当然，我鼓励他的独立。我虽然表达了我的感受，但并没特别抗议。

我想他已经意识到了自己的问题。

当我第三次去看他的时候，他的房间已经焕然一新，物品摆放十分工整。书房还是有些乱，所以他建议我不进去看。我也就此作罢。

我试图理解他看待生活的态度，尊重他需要的界限，尽量对话，而不是讲课，尊重他的幽默感，等着他向我寻求建议。

男孩到底应该怎么管教？这也是家长需要深度思考的问题。你和儿子之间关系紧张的原因是什么？你如何处理和儿子的冲突？你的教育方法有用吗？

几年前，我曾经看过一个观点：男孩天生就欠揍。母亲当时还笑着跟我说，现在的教育观点真吸引眼球。那时候儿子还小，我觉得哪有这样对待儿子的？可是随着小时候胖乎乎、嘴甜甜、乖巧贴心的儿子长到七八岁，我才知道这个年纪的男孩真是很让人头痛。你让他向东，他可能要往西；你让他向北，他偏要去南。他与你对立对抗，与你抗争，还可能会与你打斗。

我家男孩的第二个叛逆期来了。10 岁那年，周日上午，他说要在家写作业，结果却在自己房间玩电脑。我一直问他作业写到什么进度了，他说快了快了，还有 5 分钟。我选择相信他。等做完午饭，要吃饭了，我准备检查一下作业，发现他作业基本没有写。

暑假对于父母都是严峻的考验，儿子的放纵、女儿的对抗，让我如一只发威的老虎。我不让儿子看太久电视，他一生气就锁上房门。我不让他玩太久电脑，他就锁上门在屋里玩，让我更加火冒三丈。

叛逆的孩子和被逼疯的父母大吵大闹，甚至打架的现象，出现在我这个家庭。于是暑假我给儿子报了摄影班，交了篮球培训费，让他多参加体育运动，消耗体力、锻炼身体，给他更多精彩运动体验。

儿子有次和我说："老妈，其实你的儿子不赖，就是需要多点关心、多点爱！"

愤怒和压力是我们生活的一部分，面对孩子的种种表现，如何克制愤怒，处理负面情绪，对家长也是考验。

我也给儿子写了一封信。

亲爱的儿子：

妈妈去年在武汉出差时曾经给你写过一封信，可能是邮递员叔叔工作疏忽了，你一直没有收到，真是可惜了。今天，妈妈向你说说我的心愿。

儿子，其实你很棒，你是一个有感情、有责任、有担当、很关心人的男子汉，当你在家里做菜、拖地、打扫屋子、搬物品的时候，你真的好可爱。当你呼朋唤友，组织踢球或者玩耍的时候，我们觉得你是一个很有号召力、有组织能力的小男生。

希望儿子能虚心接受妈妈的评价，并努力提高自己，做一个素质更高的男人。男人，一定要大度，男人的男，你看看字的结构，有田有力，你们男人是力量的化身，但是请你记住，男人要能够忍受暂时的委屈，不要认为同学、朋友欺负你了，你就要马上用暴力去报复他。不要小肚鸡肠，大度的男人会一笑了之，用你的大度和你的宽容告诉欺负你的人："请不要有下次，否则我不放过你。"

1. 虚心学习家人和他人的优点，委婉地指正家人和他人的缺点。

儿子，我们每个人都生活在集体当中，在家里是家庭，在学校是校园，当你长大参加工作，你要走入社会，每个人都有自己的优点和缺点，我觉得别人身上的优点是一些闪亮的星星，你一定要睁大眼睛观察。比如，在我们家里，你要学习做一个能挑起重担、能处理好各种问题的男人，为你的家人带来幸福和欢乐，保护、照顾比你弱的人，如老人、女人和孩子。将来，你要照顾父母，要关心姐姐，要帮助弟弟妹妹，因为这些最亲的亲人都是你最爱的人，也是最爱你的人。

我平时对你要求很严，甚至打你、骂你，但是妈妈的认真、执着，对事业的追求，对家人的照顾，你也许都看在眼里，我不多说，你应该了解你的妈妈。

还有姐姐，她的勤奋努力，她对学习的认真、对同学的友善，也是你要学习的。你们班上一些女同学，她们也有很多优点，你不要排斥。

当然，家里人也有缺点，你需要认真委婉地向家里人提出建议，并请他们改正，同时你也要注意，不要学这些缺点。

比如，爸爸有时候爱发脾气，声音很大，容易激动，你作为他亲爱的儿子，可以告诉他："你这样做不对。"爸爸一定会改正缺点的。比如，姐姐不爱参加运动，不爱和人说话，你要多和姐姐说说，让她多交朋友，生活才更有意思。

2. 正视自己的缺点，努力让自己优点多于缺点。

你知道你的缺点吗？你自己也许知道一些，但并不全面。你挑食、偏食，不爱吃蔬菜，练琴不自觉，有时故意撒娇，爱生气……每个人小时候都会有些缺点，但是，只要自己努力，多听大人和朋友的建议，改正自己的缺点，你的优点就会越来越多。

自我控制能力非常重要。

儿子，每一个成功的人，都付出了比常人加倍的辛苦和努力。最重要的一点就是管住自己，管好自己那颗贪玩的心。你看“劣”这个字，就是差的意思，什么原因？因为平时“少”出了“力”，这样才会差。如果郎朗练琴和你一样，每天都想少练几分钟，他能有今天吗？如果杨利伟、聂海胜、王亚平这些航天员，每天穿着笨重的太空服训练的时候，他们也想少出力，也想偷懒，那么国家还会选他们去完成航空任务吗？

一个人无论是成功人士，还是普通的老百姓，自我管理能力很重要。你现在是一个学生，能管好自己的事情，能帮助老师管好班级，你以后就能管好长大的自己，能做到比别人更好、更出色。

相反，如果一个孩子现在连自己的作业都做得马马虎虎，自己的衣服乱堆乱放，在家里从来不打扫卫生，家里有事情从来不想办法帮家里解决，班集体的事情也不管，你说他以后能去一个单位当领导，能管好单位的事情吗？所以，一个人的自我管理和控制能力要从小做起。当你每天管好你自己身上的“小懒虫”，你就战胜了自己。

勤奋比聪明重要。

儿子，一个人聪明不聪明并不重要，因为每个人从母体里出来，携带的基因都不一样。但是，一个人能不能成长为一个对别人、对社会有贡献的人，那要看他是不是努力、是不是勤奋。很多时候，聪明的人往往认为自己了不起而不努力，而那些普通的人，认为自己需要努力才能比别人更优秀，所以他们很勤奋，这些人也更容易成功。

坚持不懈，持之以恒才有进步。

儿子，妈妈看到你像一只快乐的小猴子，喜欢这个，也喜欢那个，要游泳，要学足球，要学航模，要学剑。可是，亲爱的儿子，请问你坚持学了什么？有哪一样你坚持了下来？你看看姐姐，坚持学习古筝就小有成绩。你已经学了两年钢琴，但是不坚持练习，很难看到进步。做任何事情都要坚持，才会看到效果。比如妈妈，从小学二年级开始写日记，坚持写了20多年，留下了20多个日记本，后来妈妈才写出了《妈妈养育心经》和《孩子，我想让你幸福》。妈妈正在写一个电影剧本，也许以后你能看到妈妈更多的作品。

妈妈希望你从今天开始，认真学习，快乐生活，做个优秀的男人！

妈妈

2013年6月

在我的大家庭，由于我的父母生育了5个女儿，他们对男孩的出生自然十分期待。我的儿子出生后，他们也倾注了极多关注。随着时间的推移，男孩对于家族的理解、家庭的责任、家庭的方向、老家的大事小情会更关注。

从我儿子的成长来看，他从小比较有家族观念。3岁时带他回到我的家乡，认识的人他会以各家的特点来记忆，比如河边爷爷、竹林爷爷等。后来几次带他回乡，他会主动提出要去这些亲族家里玩，和族人自然就亲近起来。他大一些后，一些族人来到北京看望我们，他也印象深刻。

待到他十六七岁，他会经常和我交流我和他父亲双方家庭的一些事宜，他有主动与双方家庭连接的行动。而在与亲人的交流中，他的诚恳也得到了家族长辈的认可。姑爷爷生日，他会打电话问候；细爷爷做手术，他会十分牵挂。每到寒暑假，他会比我更迫切地回到我的家乡。在春节的一些祭拜仪式里，他和爷爷又学到了一些在都市生活和家庭中学不到的生活常识，比如准备祭祀祖先的物品，如何开展仪式等。

对于男孩的培养，有如下几点供参考。

让男生像男生，还给他们果敢、担当。家庭养育环境大多是母亲承担养育职责，且由于社会环境的影响，很多男孩成了“巨婴”，大事不能做主，一切听妈妈指挥，遇到问题唯唯诺诺，毫无态度。这样的男生没有男生的气质，徒有外表，却没有男人的担当，没有男人的风骨。这需要男性家长多给予孩子生活影响和日常教育。让男生成为男生，这既是角色教育，也是行为教育，更是心灵启蒙。只有这样，他才能理解男人的角色定位，男人的社会责任，男人的行为规范。

不要和青春期男生比力量。一些教育方法简单粗暴的家长，以为孩子青春期的顶撞反抗是逆天了，动不动就拳脚相加，我要说家长这是自不量力。青春期的男孩，力大如牛，身体弱小的母亲或体力不支的男性家长如果试图用暴力解决问题，真的是糟糕的办法。这样不但解决不了问题，家长反而可能受伤。在这样的力量挑战中，男生更会认识到自己的力量。

不要逼迫他无路可选。青春期的男生非常易怒，家长在管教过程中要注意方法，善于观察和分析。切莫因唠叨或过于严苛，让孩子认为无处可逃，思想偏于极端。要让他感觉到空间、自由、希望，切莫逼他进入狭隘、压抑、悲观的看问题角度。该放下时一定要放下，不要过于强势地逼迫孩子检讨或承认错误，可以给他一点儿时间。正如前文我谈到的，不要陷入执着关怀，更不要快刀斩乱麻而做出错误决定。在这个阶段，你真的需要放下心来，耐心等待。

自律决定成败

自律，其实就是自我约束，指在没有人现场监督的情况下，通过自己要求自己，变被动为主动，自觉地遵循法度，约束自己的一言一行。自律不受外界约束和情感支配，而是根据自己的善良意志，按自己的道德规律行事的道德原则。

“自制是一种秩序，一种对于快乐与欲望的控制。”柏拉图说的这句话，就是对自律的精准定义。“勿以恶小而为之，勿以善小而不为。”这也是自律。

人生成败有必然因素和偶然因素。从多年访问、了解身边的成功人士的成长经历和生活态度来看，我认为，自律决定人生成败。自律是人格中最需要着重培养的品格。

你可以看看，你身边那些自我要求严格的人，也就是自律意识强的人，是否比那些不自律、放任自流的人发展得要好？

在家庭生活中，你的孩子需要你经常叮嘱才写作业吗？在你出门上班，孩子独自在家的时间，他会不会安排自己学习？身为家长，你的业余时间是在麻将机旁度过，还是在灯红酒绿之中流连忘返？你面对各色诱惑时能否做到自律？你信奉的道德准则是什么？

社会的道德评价体系出了偏差，家长各自信奉的道德准则没有相对一致的整体目标，在家庭教育中就难以达成良好的效果。

如何做到自律？我有 3 点心得。

1. 延迟满足子女的需要。

一些家长愿意把最好的一切给孩子，为了培养子女成才不惜一切代价，但在人格培养和品性磨砺上并不重视。这就是家长的价值取向有问题。

生活水平提高后，养育子女的成本提高了很多，家庭对教育的投资也增加了不少，但在德行教育、做人准则、为人处世方面，子女锻炼的机会并不多。

更有一些家长，子女要什么就给什么，对物质要求有求必应，这对孩子自我约束能力的培养有害无益。长期受这种环境影响的孩子，以自我为中心，更不会考虑他人的立场和利益，大有舍我其谁的霸道。

延迟满足子女的需要，适当考验孩子的心理期望，建立期望与得到的落差感，这对于培养良好心理素质是有益处的。

2. 家长要做好自律榜样。

子女会从父母身上学习。不论是好的还是坏的，家长的言行举止都会投射到子女未来的生活中。

家长不自律，对下一代的伤害巨大。一男性家长离婚，对前妻、子女不管不问，另建家庭再育。前一次婚姻生育的孩子对其不负责任的态度无法容忍，老死不相往来。

当然，自律的家长培养出的子女，相对而言自我约束能力也强。他们懂得分寸，能把握原则，能适当控制个人欲望。面对诱惑有抵御能力，面对乌合之众能保持独立清醒。

3. 建立家庭道德准则。

一个家庭中，家庭教育需要给子女确立道德准则，指出哪些事情是万万不能做的。从祖训、家规、社会规则等维度要求子女自律。

子女精神焕发、朝气蓬勃，这就是希望。子女灰心丧气、怯懦软弱，这就是退化。如何让孩子有自信、有志气、有胆量、明事理，都要靠自律来锻炼。

如若你想征服世界，你就得征服自己。这是教育子女自律的名言，也是俄国作家陀思妥耶夫斯基为我们指明的家庭教育方法。

身心健康、守规律、重公德，我以为这是现实生活中家长最需要传递给子女的。

我理解的自律是面对灾难的自省自警，是面对考验的信仰与坚持，是无人监督的慎独与自觉，是任何时候都明白自己是谁的清醒。自律是危难时刻他人退缩你勇往直前的精神，是附和声声你却另有主见的提醒，是你无所畏惧坚持真理的声音。

自律是人生成长中最宝贵的品格，它会无声地要求你去奋进。自律是一种不可或缺的人格力量，没有它，一切纪律都形同虚设。自律是自我心中有纪律，不需要任何外力，你也会坚定自己的脚步。

真正的自律能让人感受到自我奋斗的力量，能让人感受到淡定从容的强大内心，能让人充满积极向上的力量。征服自己的弱点，培养自律的品格，就是一个人成功的开始。

我所经历的家教考验

我从十五六岁开始，就代替父母处理家庭问题。可能也是父母给予这样的锻炼机会，让我在无数个现场得到历练。

记得第一次出场是处理堂姐的婚姻问题。那时没有手机、没有电话，15 岁的我平生第一次出远门，去陌生的城市通报家信。后来参与双方谈判时，我把我的观点说出来后，咄咄逼人的对方以为我是堂姐城里回来的嫂子。

记得第一次独立出场是处理妹妹的早恋问题。那时妹妹刚刚走向社会，毫无警惕之心，一位比她大好几岁的男性向她表白要追她，妹妹问我怎么办，我了解了一下情况后告诉她，千万不要谈，对方不靠谱。哪知她和男人见面明确回复时，对方却不肯善罢甘休，写信来家里威胁，并跟随妹妹到伯父居住的军队干休所，说老人干涉恋爱自由。

父母收到信后十分着急，安排我火速赶到妹妹所在城市，找男人解释清楚。我都忘记那时具体说了一些什么话，总之是明确告诉他妹妹还小，并且不会在这个城市长期生活，希望他遇到更好的女孩，也谢谢他对妹妹的尊重。随后我就带妹妹离开了当地。父母虚惊一场，我也长了见识。

没过几年，我发现我的一个小师弟经常让我转交信件给我的小妹。我当时原封不动转交。后来有一次，小妹打开书信给我看，我才知道糟糕，又来事了。彼时我还没收到过情书，比我小 6 岁的小妹怎么能早恋呢？她的人生刚刚开始，求学的路还长着呢。小妹那时好像没什么态度，反正是别人写信，她从来都不回信，我却感觉这是个问题。于是我代笔写了一封回信，明确表示小妹还在读书学习，请勿打扰之类。此后安静了。

这些都并不棘手，且那时我也年轻，好像处理起来并不困难。

到了中年，更年期提前到来，老年人要回乡归根，孩子青春期开始逆反，需要教育引导。我这位中年妇女面临着一地鸡毛。而在儿女的教育现场，更有行万里路的实战。

有人说，父母的任务就是带孩子看更广阔的世界。其实，这路上也时时面临考验。

记得 2013 年暑假，我一个人带着两个孩子去云南旅游，女儿比较乖顺，儿子比较调皮，一路上有友爱、有争吵，也有不悦。

到了虎跳峡，我们听到了咆哮的三江汇合之声，儿子拿着照相机只顾自己拍风景，怎么劝说也不给我们留影。千里迢迢来到这里，总得留几张照片啊！我和女儿一再央求儿子，可他就是不听，自己扛着相机走了。我在旅行中体力不支，见他如此不近人情，有些生气。同行的朋友开始劝儿子，夸他一路表现都不错，如果能给姐姐和妈妈拍张照片就更好了。小家伙一听别人夸，开始服软。

我们在旅途中其实经常会遇到这样的难题，路上的育儿考验，面对孩子的无理取闹，家长需要冷静。

青春期的子女平时和父母有太多矛盾，出游是缓和彼此关系的良机。

在女儿上高中、儿子上初中这个阶段，我们母子3人开始美国自由行。我们说走就走，我带着期待满满却也忐忑不安的儿女，这一次，签证、交通、住宿，我们都是自己搞定。

下了飞机，要经过严格的入境检查，进行海关申报。此时，女儿学了9年的英语派上了用场，此刻最想感谢的是孩子们国内的英文教师。女儿与老外流利对话，让我不得不承认，语言真是看世界的基本能力。儿子在姐姐面前也自叹不如。

入境后，我们要去斯坦福大学参观。听从女儿指挥，到了帕洛阿托，打车几分钟就到了斯坦福大学。我们带着行李箱到了斯坦福，虽颇有旅行者范儿，一路也是不便。我和女儿不想麻烦人，潜意识里认为大学里不会有人接受我们存放行李。儿子则多次建议想办法寄存行李。我们经过大学门口的会议室，里面正在开会或研讨，不好打扰。后来经过一间办公室，女儿对工作人员简述想法，对方怕有贵重物品遗失，女儿不好意思再细说，便说声谢谢放弃了。这时，又遇一保洁员经过，她说她的工作间离我们所在的地方比较远，如果我们愿意跟她走过去存放，是可以的。儿子提议就近解决。他尝试着敲开70号房间的门，好像是教师办公室。我们说明来意后，友好的女教授十分乐意，连忙招呼我们放置行李。我们欢呼雀跃，一身轻松漫步校园，享受这世界级学术殿堂的洗礼。

溜达到了餐厅，瞧见朋友推荐的熊猫快餐，我们开心地吃起了中餐。赠送的幸运饼干里面有张小纸条：你所有怀疑的都会很快消失。儿子笑说："就如你总是怀疑我不努力考不上好大学一样，这种担心也很快会消失的。"嗯，但愿吧。正如我总担忧儿女幼稚，不放心他们独立行走世界，但儿女总有一天会独立面对世界。

在世界一流的校园文化中，孩子们更有学习的动力，在了解别的国家之后，他们也更热爱自己的国家。

走万里路的亲子关系中，常常会遇到各种各样的烦恼。家长需要与子女敞开心扉，或者让青春期的子女来当向导，直面旅行中的困难。如果发生冲突，也需要智慧面对。

还有一个家长非常关切的现实问题：孩子沉迷于网络怎么办?

这是我曾经面对的最棘手的难题。儿女都曾经迷恋手机游戏，女儿还好，能够自控，只是紧张学习之余偶尔玩一玩。儿子则非常上瘾，从七八岁开始，他课余的时间很少用于学习，而我工作比较忙，不可能时刻盯住他。他最疯狂的阶段大约在小学五六年级到初中，虽然他没有手机，但总会抢大人的手机玩。最让家长担心的是，他把压岁钱用于游戏充值。有几次，我发现只要他一用我手机玩游戏，我微信账户里的零钱就会变少。

对他的游戏限制，大概用过以下办法：

手机游戏规定时间，高中以前不用智能手机，借大人手机不超过半小时。有些家长自己要玩牌、玩麻将，或者只顾自己轻松，会给孩子手机让他随便玩，这样孩子会安静很多，家长感觉很省心。这其实是非常不负责任的，既对孩子的视力造成极大的伤害，也对孩子的行为习惯培养不利，等到孩子出现习惯问题无法矫正，家长悔之晚矣。

儿子踢过足球、学过武术、练过篮球，我尽可能让他多运动，少待在家里迷恋电子产品。有了自己的兴趣爱好和良好的生活习惯，显然电子产品就没有太大魔力了。

我还指引孩子去了解更丰富的知识。如果有文化做指引，有其他关注的点，孩子会从游戏里走出来。比如，近些年儿子关注地域文化，关注武术，喜欢中医，他会通过各种办法拓宽知识面，学习更多自己感兴趣的内容，从而放下手机。

国家对下一代的健康成长非常关注，网络游戏实名制后，对青少年游戏时间做出了限制，孩子自然也有所反省。他已经把游戏账户里的钱全部退了出来，给老人各买了一件棉衣，也算是表达孝心。

当然，每个孩子的性格不一样，家长在限制孩子玩游戏时一定要注意方法。

我的家教反思

写家庭教育图书，做青少年励志报告，开设家庭教育讲座，都是我的工作。但我承认我并不是一个多高明的母亲，我的教育方法有的也很原始、很粗暴、很简单，我有时也很情绪化。

我继承了我母亲的一些性格特点，对自己要求比较高，对孩子也要求比较严格，希望他们超越我。儿童少年时期，我对孩子的生活照料并不多，主要是我母亲帮助完成的。但我在子女教育上投入是比较多的。周末的陪伴、生活技能的教育，我自认为做得比较多。但我从来没有辅导过孩子作业，学习完全靠孩子自己。

我承认我是有些神经质的。我和所有的母亲一样喜欢唠叨，喜欢提醒孩子，喜欢操心。好像不说，就代表我不负责任。我也不能容忍孩子保留一些不好的习惯，并且爱催促人。

我是有些焦虑的。在平时接送孩子上下学或参加兴趣班时，我在各类培训班游走，在北京这样的都市，路上堵车、工作压力，我的大脑需要高速运转。

我曾和大多数家长一样，恨不得孩子学到十八般武艺，也在儿女成长的路上犯过不少错，有过不少激烈的冲突。

我知道我深爱我的孩子。担心他们的安危，我要送他们出门；担心他们不能照顾好自己的生活，我要给他们做饭；担心他们受不良风气影响，我对他们喊着不要过于享受生活。

孩子们有一段时间是很排斥我的，因为我是那个老让他们扫兴的人。我责怪他们花太多钱，买一堆并不急需的东西回去。我认为他们不懂得赚钱的不容易，没有为大家庭的全局考虑，没有把钱花在该花的地方。但我又能够感觉到孩子对我的尊重。当他们长大一些，直呼我名字“海燕”的时候，当我的一些观点被他们无声接受的时候，当他们更愿意和我交流思想的时候，我觉得我的教育是起到了作用的。

当然，母亲相对来说也更温和。在受到父亲的严厉制裁后，他们可能会向我求助。还有感受深刻的就是他们成长中遇到问题的时候，第一个想到的是我。

教育的现场，随时都充满考验。虽然知道严厉不是歇斯底里的叫喊，但是，当温言好语不见效、严厉吼叫也无用时，家长就真的难以淡定了。我为什么要写一本关于青春期教育的书，就是感觉很多生活场景都是考验。

儿子即将升入高二，高一期末考试后回来的 3 天，好似我艰难的 3 年。我们矛盾冲突的主要原因是他考完后万事大吉，只摸手机不看书。他这学期只有开学时激动，中间几个月天马行空，最后一个月加油猛进。这是我有生以来最艰难的一个周末，即便我这样有点家教心得的人也被儿子气得无语，我就更能理解青春期家长的艰难了。朋友们建议顺其自然就好，可一些不良习惯不督促改正，后患无穷。

让我不能接受的就是儿子睡懒觉。上午 8 点不起床，9 点不起床，10 点还不见人影，11 点坐在餐桌边等饭吃。你多喊他几次，他还举起拳头威胁你。

年轻一代睡懒觉，既不学习，也不干家务，我顿时怒火中烧。家里爆发“世界大战”，我把这么多年来的委屈和盘托出。

儿子平时住校回家少，他说他是回来借宿的，要我们包容他睡懒觉、等饭吃。乖顺的女儿则说我捏软柿子，平时喊她干活多。

真正的前途和命运把握在自己手里啊，哪能这样呢！我的父母从来都是勤劳的典范，我和先生也都是早起的人，唯独这一代就是享受着过日子？

当我噼里啪啦一顿批评后，其实我自己很受伤。孩子可能也意识到了自己的问题，主动来帮忙炒菜。

孩子眼里的我是什么样的妈妈？算不算“虎妈”？还是有强迫症的妈妈？

反思我的家庭教育，正如我的妹妹所说，在很多方面我已经给了孩子们其他家长给不了的东西，比如胸怀、格局、眼界，这已经很了不起了，但正是如此，我也忽略了给家庭成员细腻的关心与陪伴、爱和包容。

我承认我把焦虑传递给了孩子。

就在写这本书的时候，我也面临着人生巨大的考验。我在承担女儿出国留学的经济压力、承担书院建设的各项安排、承担两部书稿的创作推进，还有一些生活细节的落实，以及面临着青春期儿子的挑战。

我承认我有时力不从心，我也需要找到情绪的发泄渠道。我抱怨孩子的不懂事、不贴心，他们花钱消费过于随意，不能尽快承担起家庭的责任。但我又后悔给予他们太大压力，他们的同龄人，大多还没什么生活负担呢。

但总的来说，我认为我孩子的优点还是可圈可点，我在他们身上看到了家庭的希望。

女儿参加了美国雪城大学的学联，经常和学友主办一些活动，且和美国其他大学有论坛交流，我觉得这是很好的锻炼方式。为了减轻家庭负担，她还在学校餐厅找到一份工作，这也是很好的社会实践。在学习上、生活上，她很少让我操心，有自己的目标。

儿子正在重要的学业选择之路上，他兴趣广泛，喜欢思考，对中华传统文化情有独钟，也渴望国内大学的教育环境，我都表示支持和欣赏。

我期待他们超越我，如你希望你的孩子成才一样。

我的家教反思真实可信，坦诚公开，没有什么不能交流。因为我希望，每一个家长面对子女的青春期问题时，都能更加淡定。

孩子愿意和你交流的时候，一定是把你当作最信赖的人，你不能漠视不管，要给予他们及时而坚定的心理支持。每个孩子的青春期表现可能都不一样，但这个时期，真的是孩子飞速进步的时期，希望你不要被他成长的力量吓到，去做倾听青春声音的父母。

在你平和的等待里，他们会给你成长的惊喜。

在和儿女共同成长的路上，我也犯过焦躁、管得太多、杞人忧天等错误。也有人说，能力较强的家长，更容易用自己的思想来教育子女，有时过于强势，容易让孩子产生逆反心理。执着于关怀，反而让子女敬而远之。

当儿女们走过青春期，主动与我分享他们的内心世界时，我终于懂得，我这场既艰难又有趣，且磨砺自我的青春期教育，终于迎来了曙光。

青年人应该以什么样的人生态度面对？是“事不关己，高高挂起”，是“两耳不闻窗外事，一心只读圣贤书”，还是“风声雨声读书声声声入耳，家事国事天下事事事关心”？

青年人的思想正是锤炼时期，会有一些人因家庭环境影响，有将就心态，得过且过。有的人不愿意接受锻炼，贪图安逸；有的人今朝有酒今朝醉，过一天算一天，没有危机意识。有的人想法很好，却从不付出努力；有的人好高骛远，不愿意吃苦，却想早早享受生活。

在我的生活观察中也发现，青年时期朝三暮四、东想西想的人，对自己的人生发展和职业规划以及应该承担的社会角色没有清晰定位的人，中年以后还是浑浑噩噩，找不到努力的方向。这样的人，对下一代的教育和影响，也是负面消极居多。

对于青年人来说，觉醒的早晚决定了其发展的动力。如果家长能引导子女觉醒，找到自己的目标，那家庭教育显然事半功倍。

家庭教育，简单来说，就是家长要做教育的明白人，引导子女立志追梦。在这些基础上遇到的一切难题，都将迎刃而解。

家书鉴赏

请把目光投向乡村

——给女儿瑶瑶的一封信

亲爱的瑶瑶：

新春在即，2020 年对于你来说是一个全新的开始。当你收到几所美国大学的录取通知书时，妈妈正在生我养我的湖南故乡土地上辗转奔波。祝贺你靠自己的努力申请到理想的学校。而我，也在奋斗的路上寻找人生的意义。行走路上正好看到潇湘家书活动，我也给你写一封信吧！希望你带着这一封家书去认识自我，去寻找人生梦想，去感受湖湘精神，去行走世界。

亲爱的女儿，你的身上铭刻着湖湘基因，这里是陈天华、成仿吾、罗盛教的故乡。心怀天下、敢为人先、乐于助人，是家乡这些前辈给予我们的成长精神。无论你走到哪里，都不要忘记你来自何方。妈妈 10 年前撰写的《妈妈养育心经》《孩子，我想让你幸福》，都真实记录了你的成长，也关注了养育中的母亲心理状态。即将由作家出版社出版的长篇小说《小康之路》，其实就是以家乡为创作背景，反映了一代青年的成长和全面建成小康社会的伟大创举。希望你找时间多回妈妈的家乡看一看，只有来到奋斗的现场，你才会理解我对你的叮嘱和希望。

我很高兴你选择了教育专业。教育是神圣的职业。春风化雨、成风化人，十年树木、百年树人，都说明教育不是一蹴而就的事情。为人师表、因材施教、画荻教子、化民成俗、嘉言懿行，都是教育者薪火相传秉承的传统。你可以多了解了解邓显鹤这位湘学导师，他在湖湘文化传播中影响了多少人。你也可以读一读《曾国藩家书》，读一读《毛泽东诗词》，从他们的作品中理解湖湘文化。

这些天，妈妈在家乡帮助一名抑郁症患者调解家庭矛盾。她因病情控制不佳与丈夫发生争吵，娘家父母上门处理不当，导致双方家庭积怨。在我与她父母、丈夫等家庭成员的沟通过程中，我发现问题所在，在十分紧张的行程里抽出时间与她的家人见面，帮助他们厘清关系，分析问题原因，对各方的问题进行合理建议。看到他们全家其乐融融团聚过春节，我欣慰于自己做的一点点微不足道的小事。妈妈想告诉你，教育的影响不仅仅是课堂上的。希望你将来更关注乡村、关注这些身处偏远但更有需要的人。

亲爱的女儿，从你出生开始，你就是父母心中的小天使。我们用心地呵护你成长，希望你无忧无虑。常言说，女儿是父母的小棉袄。我们很骄傲有你，在爱的怀抱中成长的女生，一定会懂得什么是爱。你的一颦一笑、你的一言一语，都如一阵春风安抚我的心，能解千愁。女儿，你是我的希望，也是我的新生。你是母亲心上最柔软的那部分。母女的情分，相知相通，就在那细胞形成的一刻开始。

为你留一头长发，悉心地给你梳理小辫儿，为娘心中柔情似水，谢谢你让我再次寻回童年的美好。为你选购漂亮的裙子，看着你翩翩起舞的样子，我心永恒不变，谢谢你让我寻回纯真的甜蜜。听你呼唤一声“妈妈”，我纵是心事千般，也能平静下来静享生命的回音。

女儿，看着你一天一天长大，我既欣慰又失落。我欣慰于你的成长，你将要独立面对人生，但我却失落于你将要离开我，尽管为娘知道自己应该放手。

不管你成人之后选择什么职业，选择什么特质的男人与你携手相伴人生，父母都希望你能真正欢喜，有心灵上的自由和自然而然的喜爱。我最想说的是，你要做自己。

你的快乐和幸福，不要依附于别人，要自己主动把握，争取命运的青睐。

我不希望你的温柔成为他人控制你的条件。我不希望你为了生存，慌慌张张寻找出路。我不希望你承载太多的负荷，委曲求全照顾他人而苦了自己。

女儿，其实说这么多，我最想给你的还是两个字——底气。

这是女人站立的资本，也是生存的法则。这两个字伴你一生，能带给你快乐和幸福。

底气，可能是父母给你的物质，可能是家庭优越给你的光环，可能是形象优雅给你的加分，可能是气质脱俗给你的闪亮。

但真正的底气，是你不依赖他人的自理，是你能养活自己的自立，是你不怕诋毁的自信，是你严守底线的自尊，是你孤立无援时的自强。

父母虽然疼爱你，但真的没有办法陪你一路行走。但我们给你的底气，就是你一路披荆斩棘的动力。

今天，妈妈要和你说一说怎么做女人。做女人挺好，这是一句暖心的广告。其实做女人很累，也很需要智慧。当然，你若有足够的底气，生活中你若能百炼成钢，或化作绕指柔，你做女人也会有更多的人生感悟，你能影响更多人的生活态度。

“女”字的甲骨文象形文字像一个跪着的人形，这代表古代社会女人的从属地位。要感谢中国新文化运动的先驱，著名文学家、语言学家和教育家刘半农，他在翻译时创造性使用了新字“她”。

女儿，今天的时代，“她”字被赋予了更多的含义。“三从四德”早已不适应今天的社会。但女性是家庭里的和声细语，是家风建设的灵魂人物，是摇动摇篮的手，也是推动世界的手。

为娘还要多说几句。

你的底气，决定你将来在社会上如何立足。亲爱的女儿，你或许抱怨我们对你要求严格，或许抗拒我们对你的强化训练。为娘只想要你练就一身真本事，要文能文，要武能武，不必非要一身金刚，但要遇见色狼，你两脚功夫踢他求饶告退。为娘希望你表达干脆利落，出场落落大方，不一定要你口吐莲花，但能抓住表达自我的机会，毫不怯场。为娘希望你拿得起放得下，干干脆脆不拖泥带水，遇到职场难题或人生困惑，能走出阴霾就是蓝天。为娘希望你心胸开阔，不自怨自艾，遇到不平大声喊，正义的姑娘更可爱。

你的底气，决定你在家庭中的地位。女儿，爱情很神圣、很美好，但爱，往往也有很多附加的东西。未来不管你如何选择，为娘都希望你幸福。但是，在婆家的地位，也许也是靠你自己的底气争取来的。你若贤淑达理，对公婆尊重有爱，他们也定会疼你如自己的女儿。你若与人善良，亲人们也会高看你一眼。你若能凝聚家人之心，调和家庭气氛，化解家庭危机，帮助家人走出困境，那你慢慢地就是家里的主心骨。家风家教，需要女性来传承。

当然，家庭也是最小国，不可能事事如意。倘若你真的遇到了人生难题，无论你做什么选择，妈妈都能理解你。愿你被世界温柔以待，愿你心之所向都是爱，愿你坚定地爱自己。只有自己足够强大，你才有能力爱身边的人。

亲爱的女儿，从今天开始的每一天，请你为自己的底气，努力增添分量。我希望你温柔敦厚，也希望你身负盔甲。生活中并不是一切都如此美好，你总要有一种能力，能应对人世的艰难、人生的风雨。

亲爱的女儿，妈妈离开校园多年，常常在梦里回到母校。第一次离开家乡到学校，那时我的父亲正是重病在身。我含着眼泪孤孤单单来到学校，满心的忧虑焦急，不知道家将向何处去，未来在哪里。我更害怕父亲撒手人寰，这样我的母亲怎样面对？我是否应该辍学回家？

每月收到母亲的来信，我常常躲在被窝里悄悄哭泣，寝室里的小姐妹会贴心地嘘寒问暖，学校的领导、老师也如父母一样关怀我。在那些灰暗的日子里，如何走过艰难，是我每天要面对的现实。没有手机、没有电话，父亲的病情无从得知，只身在外求学，内心时常涌动的思念和担忧，让青春寂寞而负重。

但有爱的校园，让我迅速感受到集体的温暖。新班级里的自我介绍，课间大扫除的劳动，餐厅里的红烧肉和炒米粉，开学典礼上的老生欢迎词，都是最好的心灵安慰。写日记、写校园广播稿，是我消遣课外时间的方式。或许从那时起，我就开始琢磨遣词造句。偶尔“校园之声”里播报了自己的一篇小文章，听到学友的夸奖，我的内心的确是甜蜜蜜的。每天早上的广播体操，除了大雨等恶劣天气，平时都是雷打不动的，晚上 10 点准时熄灯，那时学校的寝室是有禁令的。记得那时我们老师的家属楼就在校园里，馋嘴的学生经常有机会去老师家里“打牙祭”。吃腻了食堂的饭菜，师母亲手做的饭菜唇齿留香，能想念好几周。简单而淳朴的校园环境，师生情谊纯粹，无欲无求、精神丰收。

其实，那时我们也和老师争辩，也和同学吵闹；那时我们没有目标也没有方向，不知道自己长大了到底能干什么；那时我们也惹父母生气，气得家长心脏疼；那时我们也看不惯社会风气，总想要改变世界。

这就是青春，在我们的生命里，青春终究最是留恋。人生的思考、思想的丰盈、眼界的开阔、生活的滋味，都是在青春时真正开始。

今天，你们所处的时代物质极大丰富，社交媒体和电子产品充实了你们的生活。你们的消费需求不需要和我们一样克制，你们的个性词典里也没有隐忍。虽然未来的世界是你们的，国与家的希望都在少年，有些话，我们还是必须说。

1. 未来的精英绝对不只是在蜜罐里泡大的。今天的家长非常重视教育，期待把最好的一切给孩子，希望你们成为未来的社会精英，不愿意让你们受苦受累，担心你们学习太辛苦，几乎不让你们参与家庭建设，担当该担当的责任。其实，精英绝对不只是在蜜罐里泡大的孩子。经历挫折、深入社会、走近农村、了解工厂、体验经商、观察生存，社会实践是一门重要的功课。只有了解民生之多艰，才有更深入的思考。寒暑假，不要总想着去国外旅游，不要总期待和同学聚会吃喝玩乐，可以约同学去山区支教、去贫困地区帮助农户干活、去陪陪留守儿童，帮他们度过寂寞。你的生命一定更充实，你的内心也将更丰富。

2. 性格决定命运，磨砺一个好性格比考出好成绩更重要。你或许看到，你身边的同学和朋友，每个人的性格都不一样，有的内秀、有的开朗、有的温和、有的直率，有的大方有格局、有的小气常计较。青春期正是性格塑造的良好时机，学会听取身边人的建议，修炼自己的人格，的确比考个好成绩更重要。在我看来，那些小肚鸡肠、睚眦必报、格局不大、内心阴暗的人，负能量太多，日子也不会好到哪里去。而因为遭受半点挫折或不公，就愤世嫉俗、偏激处世的人，自然也是人格缺陷害了他。其实每个青春学子的心里都有一团火，那是热、是力、是光。但随着社会的磨砺和个人修炼，有些人依然可以保留心里的那团火，有些人会把火转变成全世界都欠他的愤怒。

3. 为你们的健康担忧。你们没有经历过“天将降大任于斯人也，必先劳其筋骨，饿其体肤”的体验，你们更没有承受过负荷生理和心理双重压力的考验。你们是温室里的花朵，热有空调吹风，冷有暖气保温，渴有饮料，饿有美食，看着视频，玩着手机，假期半夜不睡，浑浑噩噩日上三竿不起。超重青少年多，视力好的没几个。这样的生活习惯，毁掉的是你们的健康，更是社会的隐忧和民族实力的倒退。

4. 缺乏拼搏和钻研精神的下一代无法担当民族大任。正因为生活过于舒适，你们很难走出舒适圈，家长也没有办法给你们创造故意吃苦的条件，所以你们大多数人缺乏拼搏和钻研精神。面对欧美国家高科技的迅速发展，一代又一代的科学家潜心科研努力赶超，未来的接班人怎么担当大任？这一定是社会的焦虑。

亲爱的女儿，家乡脱贫攻坚路上，有很多可歌可泣的故事，家乡正在全面小康的路上。但是乡村振兴的路还很长，我希望你学有所成，在边学边思考的过程中，把目光投向乡村。乡村的中小学生，他们有很多值得学习的优秀品质，他们也有更多克服困难、迎难而上的方法。当然，有一部分留守儿童、青少年，他们也需要社会的关心和帮助。在我所做的农村青少年心理健康调查报告中，我发现有 20% 以上的乡村中小学生需要心理安抚，需要情绪调理。我的此次家乡行，与各地有关部门的领导研讨了家庭教育与青少年心理教育，了解了各地的一些实际情况，更坚定了我新年工作的方向。身为一名作家、全国家庭教育巡讲师，结合我多年来在家庭教育方面的思考和实践，我会用实际行动推动乡村家庭教育，也将投入更多精力帮助乡村青少年走出迷茫，树立生活的信心和奋斗的希望。你从小在北京生活，对农村生活缺乏深入了解，妈妈也希望你假期多回家乡来做乡村研究，学以致用，补上农村实践这一课。

亲爱的女儿，在我这几天乡村走访的路上，在家乡这片热土上，我再一次追寻到人生的价值与意义。每个人都各有各的人生奋斗目标，但一路走来，为娘要告诉你，名利只是身外之物，思想的充实、自我的修为、社会的价值，才是值得你真正追求的。在你欢度新春之后，即将远赴异国求学的新年之际，妈妈还有几句话要对你说：

艰难总会过去，不要因为一时的风雨而忘记所有的晴空。

正义总有呼应，不要因为暂时的失意而漠视所有的善良。

健康最为重要，不要因为一味追求奋斗而忘记怎么爱自己。

名利皆为浮云，不要因为滚滚红尘的熏陶而失去本真的渴望。

白日不到处，青春恰自来。苔花如米小，也学牡丹开。

希望你胸怀大志、牢记祖训、不忘家乡、学业有成！

爱你的妈妈

给男孩的一封信

亲爱的儿子：

今天，我的角色是一名代理妈妈。

我开设的“燕语世界”公众号中的父母学堂专栏，受到教育工作者和家长朋友的喜欢，我们收到不少读者反馈。前几天，一位父亲写给女儿的信里流淌着的父爱让人感动。有读者说，这是最好的亲子教育。我们陆续会发出一些家长朋友的家书。

你们的父母或许都很忙，难得有时间用书信的形式和你们谈谈心。今天，请许可我这个代理妈妈，代替家有男孩的父母，给儿子们写一封信。

儿子，今天这个日子不寻常。为什么今天一定要写这封信？我希望你记住这个日子：12 月 13 日国家公祭日。了解民族的历史、了解祖国的耻辱、了解前人的苦难、了解当时的无奈，你才会理解人和祖国一样，落后就要挨打。你才能理解民族一定要强大，否则就要被欺凌，才能理解发展是硬道理，人民与祖国唇齿相依。任何人，无论在何时何地，祖国荣誉高于一切。

你们身上流淌的血液，是勤劳勇敢的中华民族的血液。中华民族一路走来，都是靠自我奋斗，从来不走捷径，不伤害其他民族，与世界各国同存异地。你应该为这样的民族而骄傲。这也是世界上最伟大的民族之一。

你和祖国荣辱与共。不见利忘义，不见异思迁，你才会在不同民族文化的浸染中坚定自己的信念，不被糖衣炮弹迷惑。无论别人给你怎样的甜奶嘴儿，你都知道，任何时候不能背叛祖国。不管你身在何方，你的根在华夏。你要去寻一寻根，看一看祖宗生活的地方，你会更有清醒的方向。

儿子，我养育你，心甘情愿付出一切。孕你十月，等你出生，我全然不顾体态臃肿，只为你能有母乳喂养。谁都有青春梦想，谁都想轻松自在，可是母亲有了孩子，意味着一生没有了自由。你的娘，当年也许风姿绰约，也许满腔抱负，但有了你，她不得不做出一些牺牲，把你放在第一位。为娘就是想告诉你，将来你结婚成家，你要善待你的妻子，不要因为她把心思放在孩子身上，你就感觉到失落。任何女人，都有容颜衰老的一天，你要滋养她的内心，不要喜新厌旧。

近几天，网络喧嚣。为娘看到好几起大学生恋爱不成反成悲剧的事例。我真的替女孩子们打抱不平。儿子，你很快也要到恋爱的年纪了，为娘要提醒你：

1. 爱一个女生，先好好欣赏她。儿子，青春之恋的确是美好的，我鼓励你去尝试和体验。但是要提醒你，爱一个女生，一定要充分了解和沟通，谈恋爱、谈恋爱，不要先迷恋于对方的身体，要先谈。谈一谈彼此的兴趣爱好，谈一谈对对方的希望，谈一谈双方家庭对彼此的看法，谈一谈彼此的价值观和人生观。只有足够的相知和了解，才可能彼此相爱。一见钟情的爱情有，但长久的或许并不多。爱情不是快餐和面包，爱情也不是信手拈来的，爱情需要时间和精力去经营。你喜欢她，先好好欣赏。

2. 冲动永远是魔鬼，爱她更要对她负责。你们这代年轻人，和我们当年恋爱有很多不一样，你们普遍性急，恨不得3天就把女生带回家。我们那时上学，学生不许谈恋爱，有些偷偷摸摸谈，也有成功者。你们上大学可以谈恋爱，甚至还可以结婚，这其实对你们是更大的挑战。你们能一边完成学业，一边兼顾婚姻吗？人生最关键的时期，其实就是求学时期。如果你能克制，我还是希望你毕业后再结婚。这样你们基本稳定下来，对于家庭建设也很有帮助。真的爱她，你就不要伤害她，对她负责，这是男人基本的修为。

3. 尊重女性，扶持弱者。女性不是男人的附庸，是独立的人，女性也不是生育的机器，是社会职能赋予她这样的使命。你尊重女性，你就能获得更多尊重，你若自以为用男性的力量和权威能压制女性的思想，控制她成为你的工具，那你的生活终究不会幸福。比如你看到的女生因恋爱受伤而重度抑郁的事件，我想男生也会背上沉重的情感包袱，其实双方都是受害者。而双方家庭，更不堪其扰。男人，要对自己的行为负责，不要因为自己的事情处理不好，给很多人惹麻烦，这是做人的准则。

儿子，今天说的这些，好似很空洞。但每一句话，都是我看到社会现实后所想到的。父母永远都在你身后，希望你不要拒绝我们的关心。我们或许不懂你青春的迷茫，但一定渴望读懂你的心。而有效的沟通，就是你和父母之间信任的桥梁。

喜欢看你的灿烂笑脸。若是遇到困难，你也可以给代理妈妈写封信。

爱你的妈妈

青春期是一段满怀希望的人生路途，大可不必为孩子们另类表现所烦恼。心平气和地接受他们成长的变化，你会发现，你在这段时间，才真正成长为一名成熟的家长。

Postscript

后记

如何做父母

当这本书初稿完成时，国家开放三胎的政策落地。

为何生育政策调整后，人们的生育意愿没有那么强烈？很多家长都被沉重的社会压力和养育的实际压力所束缚，不能轻松选择生育。

这既有教育的困惑，也是现实生活的负荷。

子女在不同的成长阶段，家长会遇到不同的问题，那些过于具体的问题，其实都需要家庭教育思想来引导。有一部分家长来不及学习如何做父母，所以在子女成长的每个阶段，都会面临棘手的问题。

我很赞同清华大学谢维和教授的一句话：无论是西方教育还是东方教育，最重要的是要教人学会安放内心。

家庭教育当前的问题就是过于功利化、急躁化，背离了自然成长。

我的后半生，为什么要把写作和家庭教育作为自己毕生的追求？有两个原因：

一是因为写作能掏心窝子，能说真话。掏心掏肺之后，真话能遇见真诚的读者。这大概和童年小姐妹说悄悄话一样。这不是从政、经商等行业能实现的美好。你想要塑造一个什么样的主人公，你尽可以自由发挥。心怀梦想、心向阳光、心存良善，总有人懂你。一位地方图书馆的老馆长和一位扶贫干部来信说，你的小说最大的特点就是正能量，反映出真实的农村和扶贫工作，我们喜欢看。我想，这就是读者的真诚与我写作的本分相遇了。

尼采说，一个人的痛苦程度决定了对生命本质的理解程度。苦难经历成为文学创作的素材和内心对生活的深刻洞察，也为文学创作打下了厚实的生活基础。对于文学创作者而言，越是痛苦经历越造就生活彻悟，激发灵感，写出泣血入心的文字，因为这来自他对生活最深刻的体验和彻悟。真实的生活，真诚的写作，就如童真，不被世俗左右。

二是因为家风家教直接影响家庭幸福，影响人生发展。每个人的童年，你在家庭环境中接受怎样的教育，你的人生就会朝什么方向去。有些家长并不认为自己的言行对子女会有什么负面影响，信口开河、破口大骂、脏话连篇、恶言相向者大有人在，以为老子天下第一，我是老子你就得服从。这样的家庭教育方法，往往带给孩子毁灭性的打击，但家长并不自知。家庭教育这项工作是很艰难的，因为要面对不同的个体，而个体的思想最难统一。难度和写作一样，写作的每种文体，都是考验。

为何要发起“父母大学堂”？目的也是自己寻求出路。

2011 年，我的孩子 9 岁。我当时对家庭教育的困惑在于教育方向的迷失。每个专家的教育理念不一样，我有点迷糊，我不知道到底应该怎么做母亲，把孩子引到哪个方向去。我想很多家长和我一样有困惑。

在多位领导、专家的指导下，中国关心下一代工作委员会儿童发展研究中心主办了“父母大学堂”社会教育活动。当时中央电视台、中国教育电视台等多家媒体报道，国内知名专家茅于燕、鲍秀兰、赵忠心等在人民大会堂共同启动。

其后我们在各地举办了不同规模的家长讲座，也在线开展家庭教育学习。“燕语世界”公众号开设有父母学堂栏目，“小鹅通父母大学堂”有音频、视频、图文、直播等内容满足不同需求的家长。

当年，我拜访陈鹤琴先生的女儿、北京陈鹤琴教育思想研究会副理事长陈秀云，她摘录陈鹤琴教育思想题“父母大学堂”：

凡是儿童自己能够做的，应当让他自己做；凡是儿童自己能够想的，应当让他自己想。

我认为我们建立家庭的目的是得到欢乐，建立规则，创造一个分享、关怀、解决问题的家庭。一个充满爱心的家庭以积极关系为基础，父母的价值观和目标是关键。家庭成员应该有同理心，可以调节、处理情绪和行为冲动。家庭要有一些行为规范，我们不伤害别人，要关心别人。我们能尊重他人、尊重别人的观点。我们是一个致力于学习、欢笑、共同成长、彼此分享、相互关爱的大家庭。

社会压力转移到了家庭，比如买房的压力、教育的压力、就业的压力，所以一些家庭出现了问题。而家庭环境中如果父母没有解决问题的智慧，温暖的家很可能会变成伤人的地方。

如何经营家庭，如何教育子女，的确是身为家长的毕生功课。这门学科，没有机构来强制要求学习，没有如校园教育一样有学制，完全在于家长的悟性。

你可能会发现，相比我们的上一代而言，我们对子女的要求的确太多了，我们的教育真的太急躁了，这样迟早要出问题。

当前家庭教育的复杂性、斗争性、艰巨性，是不能被一带而过的。有一些看上去是其他因素，但真正归结，都可以看到心理问题的影子。

培养子女，最低的要求是什么？农村一些家长说，给他吃、给他穿，培养他成人，自力更生养活自己讨生活，不干坏事，不走弯路，不误入歧途就行了。

这是最朴素也是最真实的家教思想。

高一点儿的要求是什么？让他有出息，能出类拔萃，为家族增光添彩，有点社会地位，日子过得不错，就行了。

这种家长的心态，也很实际。

更高的目标是什么？让他有社会担当，承担社会责任，放眼世界，心在祖国，有格局、有境界，可以为世界服务，也可以为家庭分忧，可以做世界公民，但更不忘祖训家风。

心有多大，舞台就有多大。

我希望家长不要用你的狭隘和局限限制子女的创造力和想象力，也不要把你未曾实现的理想一起打包交给你的孩子，让他帮助你去实现梦想。

于无所希望必得救。此话听起来有些消极，甚至不适合放到此种场合，但其实很适合今天的家长。如果我们把所有的筹码放在孩子身上，注定是一场失败的豪赌。

如果有学习能力，希望你成为一个子女喜欢并尊重的家长，能指引他们向希望的地方前行。

如果你认为孩子成长是他自己的事，和你没什么关系，那我奉劝你身为他人的家长，你对自己的最低要求，是不要犯罪，不要有违法记录。你可以荒废人生，但不要在你孩子的人生白纸上留个黑点。

如果你认为你全部的人生希望都在孩子身上，那我也要提醒你，孩子到了青春期，你要有自己的生活，有自己的人生，不要把自己捆绑在孩子身上。否则，你会成为那个很难看的人。

让孩子仰望星空、脚踏实地，那一定要让他们全面了解社会、了解民生，这也是他们将来干大事的底气。

我要给家长提个建议：你的目光，要有世界的格局，有与时代无缝对接的能力，要与时俱进了解当今世界的潮流，但也要去看一看历史，回头看一看家庭教育的形态。家庭文化中的祖训，代代相传，历久弥新。学习初心的善良，学习年少的真诚。或许，家庭教育，也应该回头看一看。

教育学者杨东平说，好的教育应该让每个人找到自己真正感兴趣的、发自内心具有热情的事情去实现它，走向自我实现，而不是把教育作为一块敲门砖、一个功利性的尤其是短期功利性的工具。

教育是最美好的事业，父母这个职业也是最神圣的职业。注重家庭、注重家教、注重家风，需要每一个家庭润物无声、春风化雨。良好家风的培育，首先要求家长明白父母的职责、教育的真谛、培养的办法，了解自己角色定位的意义。

千万不要把自己的一生交给你的孩子，他承载不了那么厚重的责任。如何做父母，是一门需要终身学习的功课。

我们边走边学，我在下一个路口等你。

希望你和你的子女，在共同成长中，一路欢喜。

作者讲座报告拾萃

在人民大会堂发起“父母大学堂”社会教育活动

左上：担任“成功生养教大讲堂”全国巡讲中山西、河北等多地主讲老师

左中：北京西单图书大厦科学育儿活动

左下：北京首都图书馆讲座

右：武警部队计生培训中心讲座

下：参加新疆伊犁建市 60 周年活动

上：湖南省娄底职业技术学院大学生讲座

中：湖南省新化县家庭教育研讨座谈会

下：担任厦门市湖里区教育局公益微课线上主讲

上：湖南省株洲市幼儿园家长讲座

中：湖南省新化县第一中学家长讲座

下：天津市武清区天和城实验中学讲座

上：在广西桂林电子科技大学主讲《时代需要觉醒青年》

中：广西桂林电子科技大学教职工家属讲座

下：湖南省新化县田坪联校主讲现场

左上：湖南省新化县温塘镇中心小学报告现场

右上：湖南省新化县温塘中学主讲现场

中：湖南省新化县温塘镇大坪小学主讲现场

下：在湖南省新化县温塘镇晏家中学做励志报告《让梦想点亮人生》

上、中：湖南省新化县第一中学文化教育讲座

下：贵州省贵阳市同济堂支教队对口学校——大营中学主讲现场

上：“送文化下乡”
来到湖南省涟源市

中：创办“海燕书院”
倡导文明乡风

下：给孩子们写寄语